让孩子爱上阅读

爸爸的 养成法

亚历克斯·约翰逊／著
蔡影奕／译

How to Give Your Child a Lifelong Love of Reading

浙江人民出版社

图书在版编目（CIP）数据

让孩子爱上阅读：英国爸爸的读书养成法 /（英）亚历克斯·约翰逊著；蔡影奕译. — 杭州：浙江人民出版社，2021.8

ISBN 978-7-213-10202-8

Ⅰ. ①让… Ⅱ. ①亚… ②蔡… Ⅲ. ①读书方法—家庭教育 Ⅳ. ①G792②G78

中国版本图书馆CIP数据核字（2021）第122810号

浙江省版权局
著作权合同登记章
图字：11-2020-299号

让孩子爱上阅读：英国爸爸的读书养成法

[英] 亚历克斯·约翰逊 著　蔡影奕 译

出版发行：浙江人民出版社（杭州市体育场路 347 号　邮编：310006）
　　　　　市场部电话：（0571）85061682　85176516
责任编辑：祝含瑶　何英娇
营销编辑：陈雯怡　陈芊如　赵　娜
责任校对：陈　春
责任印务：刘彭年
封面设计：北京红杉林文化发展有限公司
电脑制版：济南唐尧文化传播有限公司
印　　刷：杭州丰源印刷有限公司
开　　本：710 毫米 ×1000 毫米　1/16　　印　　张：12.25
字　　数：103 千字
版　　次：2021 年 8 月第 1 版　　印　　次：2021 年 8 月第 1 次印刷
书　　号：ISBN 978-7-213-10202-8
定　　价：49.80 元

如发现印装质量问题，影响阅读，请与市场部联系调换。

献给爸爸、妈妈、威尔玛、托马斯、爱德华和罗伯特！

未读的故事还不是故事，它不过是木浆上的一个小黑点。读者来了，读了，便赋予了它生命：它成了活的东西，一个真正的故事。

——厄修拉·勒古恩（Ursula K. Le Guin）《在世界的边缘起舞》（*Dancing on the Edge of the World*）

Contents 目录

序 章

为什么孩子需要阅读

书能帮我们了解自己。孩子们读的那些故事能让他们明白，人是可以保持好奇的，不懂就问是个好习惯，哭和笑一样都是正常的反应（当然，还是希望笑更多些）。就算机会和挑战出现得很突然甚至有点吓人，也要保持敏锐，好好利用它们。如果你手上戴着一枚能让人隐身的魔戒，为什么不趁此机会找一条龙跟它聊聊天呢？书本给孩子们呈现的不仅仅是未知世界，还有未知世界中的未知事物。

读什么不是最重要的，重要的是他们肯读

阅读就像掉进一个“兔子洞”[①]，又像踏上了《绿野仙踪》（*The Wonderful Wizard of Oz*）里那条神奇的黄砖路，即将开始一段通往未知的奇妙旅程。无论翻开的是一本小说、诗歌、历史书、科学指南，还是游记、漫画、日记、笑话书、传记或者画册，阅读都能让孩子们成为更好、更快乐的人。

为什么这么说？当然是因为阅读是一种很有趣的体验。它能让人从百无聊赖中出逃片刻，或许逃到了另一个世界，或许找到了观察这个世界的另一个视角。阅读还能让孩子们变得独立：他们学着自己选择读什么，听什么，

① 《爱丽丝梦游仙境》中，少女爱丽丝不小心落入兔子洞，之后便开启了一场妙趣横生的仙境漫游。

以及决定自己的阅读速度。还记得在我很小的时候，我的妈妈会把多萝西·马里诺（Dorothy Marino）的《巴兹熊去露营》（*Buzzy Bear Goes Camping*）当作睡前故事读给我听。我虽然很喜欢这个故事，但总觉得它还能再“优化”一下，所以我让妈妈用铅笔在旁边添加了几行我的想法。书中虽然并没有什么跌宕起伏的情节，但我仍然记得能以这种方式参与冒险的经历给我带来的巨大力量。我掌握了这些力量，并让它们为我所用。

当孩子们找到自己喜欢的书之后，他们就变成了读者。然后是下一本，又一本，再一本。这些书可能与他们之前看过的书风格类似，也可能大相径庭。一旦孩子们觉得书能让他们开心，那他们的“书虫生涯”也就开始了。

沉浸在“巴兹熊”里的那段时光已经过去了近五十年，但是直到如今，我仍然每天都在享受阅读带来的快乐。我自己也是一名家长，在二十多年的育儿生涯中，我鼓励着自己的三个孩子，从小培养他们对书籍的热爱，带他们领略图画书的精彩，为他们读睡前故事，引导他们学会为自己阅读，在他们发现了荧幕作品的魅力之后仍督促他们继续坚持阅读。如今，他们已长大成人，能够自己探索书籍的各种可能性以及其中的美丽新世界。

对孩子们来说，能够拥有一次“成为别人”的体验，就像得到了一次探索“自己是谁”以及“自己能成为什么样的人”的机会。有时，一本书就是一个紧急避难所：如果生活上遇到的挫折和不如意让孩子们不开心，书可以为他们展现许多乐观的世界；有些事情看上去让人很沮丧，但最终都会好起来。看书也能鼓励孩子们去思考和探讨一些深刻的、困难的话题，帮助他们处理问题，建立自尊。

阅读会开阔孩子们的视野，让他们看见世界无穷的可能性。对一个成年人来说，有时很难回忆起孩童时期读到真正打动自己的书时产生的奇妙感觉。那时，世界基本上还像一块空白的画布，正在以孩子自己为中心开始向四周一点点地丰盈起来。当时读书，感觉就像作者本人——哪怕他与自己处于不同的时空——正在直接跟自己这个八岁的小朋友聊天，也像结识、了解了一个如朋友般亲密的角色，或者看到了心中榜样具象化的样子。

通过读书，可以知道蜂鸟为什么能飞，汽车的运作机制是什么，这种感觉让人难忘。作为成年人，那些神秘的岛屿、密码、暗号以及装满宝物的沉船对我们来说可能都已屡见不鲜，可对第一次读到这些内容的孩子来说，它们的魔力尚未消散，秘密仍待揭开。

当然，阅读并不仅仅是为了逃离。小说家劳伦斯·达雷尔（Lawrence Durrell）说过："我不相信一个人阅读是为了逃避现实。人读书是为了去证实某种现实，他知道这种现实是存在的，但他不曾经历过。"通过广泛的阅读，孩子们也在学着如何认真评估各种各样的观点，然后得出自己的结论。

书能帮我们了解自己。孩子们读的那些故事能让他们明白，人是可以保持好奇的，不懂就问是个好习惯，哭和笑一样都是正常的反应（当然，还是希望笑更多些）。就算机会和挑战出现得很突然甚至有点吓人，也要保持敏锐，好好利用它们。如果你手上戴着一枚能让人隐身的魔戒，为什么不趁此机会找一条龙聊聊天呢？书本给孩子们呈现的不仅仅是未知世界，还有未知世界中的未知事物。

通过阅读，孩子们能够学会如何与年龄各异、文化背景各异的人产生共鸣。面对不速之客，爱丽丝做何反应？獾又是如何成功控制那个疯狂冒失的蛤蟆先生的[①]？

接触图书这类社交智慧的结晶能帮助孩子们建立与外界的联系，同时也能让他们学着理解世界运行的基本逻辑。从某种角度来说，阅读是一项个人的活动，但它也能帮助孩子们练习通过不同的视角来看世界。简而言之，阅读能教会孩子们社交，让孩子们变得更聪明。

① 《柳林风声》（*The Wind in the Willows*）中的情节。

阅读还有益于孩子们的健康。英国读写素养基金会针对年龄在 8—13 岁之间的约 50000 名英国儿童进行了一项调查，结果显示，经常读书的孩子拥有更加健康的心理的概率是不爱读书的孩子的三倍。与此同时，萨塞克斯大学一项针对成年人的研究也显示，阅读最多能减轻人们 68% 的压力。对你的孩子来说，从小养成爱读书的好习惯对他长大以后也有帮助。研究表明，经常阅读的人记忆力更好，患上阿尔茨海默症（俗称老年痴呆症）的概率更小，寿命也可能更长。

无论决定捧起书来读的原因是什么，阅读都会帮我们扩充词汇量；数据表明，让孩子阅读童书比看电视能多接触 50% 的词汇。阅读能磨炼我们的思维技巧，并且能让我们集中注意力。阅读非小说类书籍能打开孩子们的心扉，让他们接触到令人惊叹的自然、窥见数学的奇妙与美丽，还能接触到正在塑造他们的历史。当一本合适的书在合适的时间出现在孩子的生命中时，它可能会改变孩子的人生轨迹。

对你的孩子来说，一个爱书之家更能让他的成长过程受到积极的影响，包括提升获得高等教育的概率。当然，并不是要你非得在家堆出一座座书山。而且，也并不是所有爱读书的孩子都出自所谓的书香门第。无论父母自身的受教育水平如何，鼓励孩子多阅读都是每一位父母该做的最重要的事情之一。

我们会在后文讨论电子阅读这件事。有趣的是，研究显示，对所读内容的记忆程度而言，以传统方式阅读要比电子阅读的效果好。我记得自己还是个孩子的时候有多爱莫里斯·桑达克（Maurice Sendak）的《果壳图书馆》（*Nutshell Library*）——这套小小的精装书共有四册，包括一本字母书，一本叫《鸡汤拌》（*Chicken Soup with Rice*）的押韵月份书，一本计数的书和一本警世故事书。我喜欢阅读这些书，也同样享受把它们拿出去读，光是换换地方阅读就能带来愉悦感。我阅读它们的乐趣和我拥有它们的乐趣密不可分。随着年龄的增长，我也开始享受跟孩子们分享这套书，并且让他们拥有这套书。

孩子们读什么不是最重要的，重要的是他们肯读。

杰奎琳·威尔逊：成为一名读者

杰奎琳·威尔逊（Jacqueline Wilson）女爵士是英国著名的儿童文学作家。她的作品在英国发行超过4000万册，并且被翻译成34种语言。杰奎琳当选2005—2007年的英国儿童文学桂冠作家，还是罗汉普顿大学的名誉校长。

小时候，我有一个小书架，它就在我的卧室里，上面放着书。现在，我在几乎每间房里都配置了长长的书架和宽宽的书柜，阁楼上也堆着一箱箱很重的书。不管走到哪里我都会买书，同时，我也是我们当地图书馆的会员。好书能给我带来海量的信息、深刻的见解和极大的快乐，还能激发想象力、增强同理心、增进理解力。

虽然也有些热爱读书的成年人是在他们人生相对靠后的时期才开始爱上阅读的，但绝大多数充满热情的“书虫”还是在很小的时候就接触书籍了，有些人甚至在还不认字的时候就已经开始“读书”了。

我仍然清晰地记得自己读到的第一本书。我出生于一个并不富裕也没有很高文化水平的家庭。《彼得兔》（*Peter Rabbit*）、《大象巴巴》（*Babar*）和《奥兰多》（*Orlando*）这些经典的儿童读物我都没看过。我看的是《长翅膀的小白兔珀琪》（*Pookie the Little White Rabbit with Wings*）、《图彭尼和斯奎波特》（*Tuppenny and Squibbet*）——一个作品是登在《伦敦标准晚报》（*London Evening Standard*）上的连环画，另一个作品是《玛格丽特·塔兰特的童谣书》（*The Margaret Tarrant Nursery Rhyme*）中的故事。

我爱书里那些五花八门的角色和形象，在父母太忙太累，没办法念书给我听的时候，我就会看着书里的图自己编故事。我跟着小白兔珀琪一起飞，与图彭尼还有她的宠物斯奎波特（松鼠和兔子的混血）一起玩，还会通过想象编织自己的童话世界。以一本童话书的标准来看，其实《玛格丽特·塔兰特的童谣书》的插图非常暗黑沉郁，所以我的冒险之旅也随之变得诡谲莫测，哥特气[①]十足。但

① 主要特征为阴森、诡异、神秘、恐怖等。

就像《野兽国》[①]（*Where the Wild Things Are*）里的麦克斯一样，我就像统领着这些奇怪角色的国王，只需一个眼神就能把它们全部镇住。

大概五六岁的时候，我就能自己读书了。我去了图书馆，独自看完了伊妮德·布莱顿（Enid Blyton）的所有作品，她的《远方的魔法树》（*The Faraway Tree*）更是被我翻来覆去读了又读——我太想成为丝柔小仙子了。七岁时我开始读玛丽·波平斯（Mary Poppins）的童话系列，还有《凯蒂》（*Katy*）、《小妇人》（*Little Women*）、《秘密花园》（*The Secret Garden*），以及伊迪丝·内斯比特（Edith Nesbit）的书。我尤其喜爱诺埃尔·斯特雷特菲尔德（Noel Streatfeild）写的《芭蕾舞鞋》（*Ballet Shoes*），甚至有很长一段时间我都假装自己在跟书中的福斯三姐妹一起上舞蹈学校。

阅读陪伴了我的整个人生，现在我每周至少读两本书。如果不是爱读书爱到一定地步，我想我可能也不会成为 110 本书的作者吧。我觉得自己现在就像一个阅读的头号“粉丝”，逢人就推荐阅读。孩子们对我说，读了我写的某一本书之后，他们开始爱上了阅读，这让我觉得自己的整个职业生涯的付出都值了。

---

① 又译为《野兽出没的地方》。

第一章

怎样找到“好书”

鼓励孩子阅读遇到的第一项挑战就是如何找到他们喜欢的书。美国学乐出版集团的一项调查表明，在他们调查的孩子中，有将近一半的孩子觉得很难挑选到自己喜欢的书，而在阅读频率更低的孩子中，这个数字会上升到近2/3，尽管学乐出版集团的调查也显示，有近90%的孩子说他们最喜欢的书是自己挑选到的。

充分利用各种媒介和资源

从家长开始

孩子的第一位好书推荐员自然是家长本人了。你也许很长时间没读童书了，但你的旧书单上还是会有一些让你觉得值得推荐的书，它们甚至可能已经被你买回了家——比如我收藏的“高卢英雄历险记（*Asterix*）系列”就是一套读之有趣、藏之有用的好书。在找出你喜欢的那些书并将它们推荐出去之前，记得先确认里面是否有一些已不合时宜的内容——举个例子，现在推荐《丁丁在刚果》（*Tintin in the Congon*）[①]肯定是不合适的，而同系列的其他冒险故事，如《神秘的流星》（*The Shooting*

① 是“丁丁历险记（*The Adventures of Tintin*）系列”的第二部作品，有人认为作者在《丁丁在刚果》中对黑人的描述有种族歧视之嫌，“这本书是否该继续被摆在儿童书籍区域”曾引起广泛讨论。

Star），再版时就进行了调整。童书作者和插画师的作品各有特色、不尽相同。你要基于此来积累自己的童书知识，如果能创造一个类似“家庭图书馆”的环境就更好了。

有一点需要注意，不要因为你小时候特别喜欢一本书，就想当然地认为你的孩子也一定会喜欢它。露西·曼根（Lucy Mangan）在其优秀的回忆录作品《书虫》（*Bookworm*）中，谈到了自己儿童时期的阅读经历，她觉得她的儿子亚历山大在与她相似的年龄段，好像并没有对她曾痴迷的东西表现出同样的热情（平心而论，她当时真的读了很多书）。这跟我和我三个儿子的经历简直一模一样。尽管在对丁丁的喜爱上我们能基本达成一致，但我对安东尼·巴克里奇（Anthony Buckeridge）的“詹宁斯（*Jennings*）系列”[1]作品的热爱并没有引起他们的共鸣，我热爱的威廉·布朗（William Brown）的冒险故事更是遭到了他们的一致差评。此外，艾伦·加纳（Alan Garner）的作品同样深得我心，但我的孩子们也不买账。

问问其他人

找到好书的另一种方式是通过人们的口耳相传。很多

① 又译作“吉宁斯系列”。

人都是在同好的推荐下接触到自己喜欢的成年人读物的。很多有不同经历的人还会针对自己一直以来都很喜欢的书积极地提供一些反馈意见供我们参考。包括我的妻子，她喜欢挑一些我不常看的书来读，因此，对那些我可能不太会考虑去阅读或者确实没怎么听说过的书，她的意见就很有价值。另外，我还很尊重我的六七个朋友的意见，他们也大致清楚我的喜好。

这种方式对孩子同样有效。一般来说，如果他的朋友都在读某本书，就会在学校里引起一阵小的读书风潮，从而激发起他读这本书的兴趣。对孩子来说，如果是他的朋友正在阅读或者推荐的书，他阅读这本书的动力就会更大。孩子们之间还会形成一种竞争状态：大家都想把正在阅读的图书系列中的每一本，或者自己喜欢的作者出版的新书赶紧看完。

还有一种有用的方法，那就是家长们在校门口等孩子放学时，可以讨论下孩子们喜爱的书籍——书也能成为一份完美的生日礼物。如果你能明确地说出自己孩子的喜好，其他家长会很感激你，因为这可以极大地降低他们帮助孩子们选礼物的难度。

从出版人的角度来看，利沃克出版社的英国销售及市场总监爱德·里普非常清楚一本书成功的关键是什么：

一直以来，一本书大获成功的秘诀让出版商们趋之若鹜。我认为，这个秘诀与书籍的清晰定位密不可分——它究竟是非小说类作品还是小说类作品。

这要求作品内容要让人记忆深刻、清晰明了并且最好具有原创性，以便读者在读完很久之后还能跟其他人讨论有关这本书的话题。从销售角度来说，具有这样定位的书籍的销售“曲线”不光有一个峰值，而且还能在很长的时间内都维持在一个较高的水平上。

我最近一次相关的体验是来自安吉·托马斯（Angie Thomas）的《你给的仇恨》（*The Hate U Give*）——这本书在英国大获成功就得益于书早期在美国大火，又加上一场给力的营销活动和作者亲自来英国宣传。

传统纸质媒体

想了解什么是好的，尤其是什么是新的，传统的方式是阅读报纸和杂志上的评论及专题文章。遗憾的是，哪怕童书销售数据再好——现在售出的约每三本实体书中就有一本是童书，童书在英国高达 3.68 亿英镑[①]的市场价值也并没有得到任何印刷刊物专栏的关注和报道。不过，即使

① 1 英镑约合人民币 8.7 元。

如此，我们也要对印刷媒体稍微保持一点关注。比如，每年冬季发布的假期阅读总结，以及夏季发布的假期阅读推荐就挺不错。

英国的儿童报纸《第一新闻》(*First News*)会刊登读者阅读儿童读物的读后感，还有一些与书籍相关的专题文章，以及对作者的采访稿。面向儿童的杂志各种各样，绝大多数都包含书籍评论，但其中有一种杂志特别值得留心，那就是双月刊《独家新闻》(*Scoop*)，它每一期都有不同的主题，并且会刊载非常多的原创小说类和非小说类作品;《青少年时事新闻》(*The Week Junior*)是针对青少年的时事新闻杂志，其中也有书籍评论。

网络查询

当然，时代已经变了，虽然传统纸质媒体仍是一种有用的资源，但你的孩子可以在许多网站上找到更多关于他们喜爱的作者及其系列作品的信息。举个例子，如果喜欢某位作者的某个作品，可以在网上查到关于作者及其其他作品的海量资讯。此外还有各种各样的书籍网站，其中，好读网(goodreads.com)你一定不能错过。这是一个面向各种年龄段人群的网站，而它还包含许多实用分区，比如最新发布读物、最热门读物、书单，比如“最适合不爱读书的人读的书”，还有数不尽的读者书评。《读好书》（*Books for Keeps*）是一种关于儿童读物的网络杂志，它的网站上有超过 12000 条评论和 2000 篇文章。《笔墨》（*Pen and Inc*）是一种杂志和书单指南，主要关注儿童读物的多样性和包容性，它由英国图书馆与资讯专业学会（CILIP）运营。

博主推荐

儿童读物博主就像“流水的兵”，一批走了，另一批又来了，他们的来去取决于自己孩子的年龄。通常是从图画书阶段开始，然后，随着孩子年龄的增长，他们博客里推荐的书籍类型也会越来越复杂。这也意味着，在某个时刻，他们的博客会突然关闭。不过，好在也有一些博主愿意将博客保留，让它们继续发挥作用，尽管他们已经不再更新。

出版社推荐

像独立博主的博客一样，有些出版社的网站也非常好用——当然，它们更多地推荐自己公司的书，不过有些书也确实挺有意思的。网站里有适合各年龄段读者的书，还有包括作者采访、赠书活动、比赛榜单、推荐内容、相关新闻以及小测试的内容。这些出版社有英国沃克出版社、哈珀柯林斯出版社、企鹅出版社以及企鹅兰登书屋等。

专家们的意见

事实上，也有一些致力于鼓励孩子们阅读的机构。小学教育读写素养中心[①]就是一个帮助儿童识字的慈善机构。它帮助小学学校用创造性和高效率的方式教孩子们识字，也始终把让孩子阅读高质量的童书视为所有教育的重中之重。这个机构的努力直接改善了儿童阅读和写作的现状。它的免费“核心读物”网站[②]列出了面向3—11岁孩子的精选高质量书籍推荐书目。书目按年龄范围分为三类——

阅读入门：这个分类下的书有助于孩子学习如何阅读。

文学作品：对更有阅读经验的读者来说，这个分类下的书难度有所提升，独立阅读或者一起阅读都是富有挑战性的事。

信息获取：这个分类下的书是高质量的信息文本，

① The Centore for Literacy in Primary Education (CLPE).
② 网址：clpe.org.uk/corebooks

读起来让人觉得既有趣又愉快。它们展示了文字和图片的完美结合，在传递复杂信息的同时也给读者带来快乐的阅读体验。

图书信托基金会是英国最大的儿童慈善读书机构，它们启动了一个“开始阅读赠书计划”。这个机构官方网站上也有数量可观的书评，“如果你喜欢……不妨试试……”一类的建议，以及推荐书单，例如“十四岁前不可不读的终极推荐书目”。

英国读写素养基金会则致力于提高贫困社区的年轻人和家庭的读写技能。它经常与学校合作，在英国各地开展一系列项目。它的网站会为家长和老师提供关于新研究和新资源的信息。

另外，还有某阅读机构发起的超级火爆的夏季阅读挑战赛以及世界读书夜活动，此外还有“阅读好书”项目，旨在为应对青少年常见的心理问题给出阅读建议。

好好利用书店

当然，除了上面提出的所有方法，你还可以选择直奔图书馆或者书店。部分是出于对抗网络销售的冲击，部分是出于对工作的热爱，书店老板们会定期举办作者见面会、阅读和故事分享会，也会在书店里开辟特定区域供孩子们休息、浏览或者阅读。他们非常愿意向任何年龄段或者各种拥有不同喜好的人推荐书籍。

除了儿童读物专卖店以外，很多普通书店也精心设置了儿童读物区。

凯特·安德森：关于书店以及如何推荐好书

凯特·安德森（Cat Anderson）是爱丁堡书店的儿童读物专家。

我在繁华的商业街上的一家小型独立书店工作，对周围的人也都非常了解。每次别人让我推荐几本书给不爱看书的孩子时（甭管理由是什么），我都会非常开心。如果可能的话，我更倾向于跟孩子本人聊一聊，但实际上通常都是面露难色的家长来书店寻求帮助。关于如何帮助他们解决难题，我的诀窍是将最新研究成果以及我自己跟读者接触的经验结合起来，对症下药。

我会邀请家长们下次逛书店的时候把孩子们带来，毕竟我的首要任务是能让孩子们愿意进入书海快乐阅读嘛。

我会尽量让孩子们在逛书店的时候不觉得有压力，能随心所欲地选择，在购买之前让他们先读读看，确保买到的书是他们真正感兴趣的。孩子们的体验和想法是最重要的，毕竟如果一味逼迫孩子去读一些他们不喜欢、看不懂也不明白为什么要读的书，很容易激起他们的逆反心理，进而拒绝阅读。

一次特殊的经历让我铭记在心，并且时刻指导着我该如何更好地鼓励孩子们阅读。有一个小男孩认为自己不适合读书，因为他试着读了《哈利·波特》却并不喜欢。这次经历提醒我，必须尽我所能给孩子们提供更多的选择，这也是我通常都会问孩子们有什么兴趣爱好的原因之一。举个例子，假如这是一个喜爱体育运动的孩子，就可以通过运动类书籍来“吸引”他，让他爱上阅读。其实，小说、非小说、有声读物、杂志乃至报纸上的体育板块都可以做“引子”。

对不爱看书的孩子们来说，更重要的是给予他们新的阅读体验，从而让他们理解各种各样的阅读都是好的，也都能让人感到愉快——因为你在读自己感兴趣的内容，而不是在读理性地认为自己应该读的东西。一旦拥有了这种快乐阅读的经历，人的内心通常就会将阅读和愉快联系起来，并且树立起阅读信心，这是他们之前并不曾拥有的。

第二章

不只是让孩子自己读

接下来会谈到很多关于跟孩子一起阅读的技巧和策略。不过，对于这些阅读建议，如果你每次都照本宣科，可能不出一个星期就会筋疲力尽而且再也不想看书了。所以，你需要选择那些看上去适合你的方法；如果效果不尽如人意，要记得这些都只是建议，而不是一成不变的铁律。

请记住，你不需要集邮式地拉着孩子聊每一本书、分析每一个人物——你的孩子不是在参加关于某本书的考试，也不是在完成关于某本书的课程作业。应该自然而愉快地度过每一段阅读时间。

尽量提开放式的问题。我的儿子们非常喜欢某个童书版本的《贝奥武夫》(*Beowulf*)，我从不强行要求他们去讨论这首诗里关于王权的变化观念，顶多是有一次读完后我们以一种非常放松的方式讨论了这个问题。在读了《老雷斯的故事》(*The Lorax*)[1]之后，与其问他们“感觉怎样，喜欢吗”，不如讨论一下一个人究竟能取得多少成就，这

① 也译作《罗拉克斯》。

可能会引起关于格蕾塔·通贝里（Greta Thunberg）[①]以及其他年轻活动家的讨论。

阅读不需要每天固定时间和地点——睡前阅读已经成了一个固定习惯，但并非在早饭时间、中午或者下午茶时间读书就不行。

在任何地点、任何时间，你都可以阅读，读食品上的标签、车的牌照、路标以及广告。

虽然读书是一件很棒的事情，但随时随地识字能更好地帮助你的孩子。

① 瑞典青年政治活动家和激进环保分子。2019 年 12 月 11 日，美国《时代》周刊宣布，格蕾塔·通贝里被评为《时代》2019 年度人物。2019 年 12 月 13 日，格蕾塔·通贝里入选 2019 全球最具影响力女性榜。

如何读书

读书没有“为时尚早”一说，哪怕孩子还未出生。研究显示，母亲在孕期坚持阅读（尤其是孕期第三阶段[①]）不仅能够达到放松的效果，还能对孩子早期的语言学习有所帮助。但是，也别一门心思想着生一个天才宝宝出来，因为这只是一种刺激脑部发育的行为——就像听音乐也是一个好选择，但并不意味着这样就能确保孩子长大后能去音乐学院写歌剧。

孩子降生后，你就可以从简单的韵律和故事开始讲起了。很显然，孩子并不明白你在说什么，但他会享受你的声音，也会欣赏你给他看的书里面的图画。他还学到了书是怎么用的，也一定会想自己把书抓着玩玩看——尤其是

① 即怀孕第二十八周到宝宝出生前。

当他咿呀学语或者开始模仿之后——他甚至可能会把书放到嘴里尝一尝。

下面谈谈如何读书。

一起说

经常跟孩子说说话，这对他们的听、说以及词汇积累都很有好处。之前跟孩子一起逛超市的时候，我总会对购买的东西发表两句评论，比如，今天的橙子品相是好是坏，豆子的价格是高是低，等等。聊天的方式确实不错，但调查显示，读书在提升孩子的词汇量和语法知识方面效果更好——聊天，就是在为他们学会自己阅读打基础。某项研究甚至认为，图画书中出现不常用词汇的概率可能是聊天的三倍。

一起读

在开始阅读前，确认房间里没有其他的干扰，例如收音机、电视或者其他的屏幕设备。你要确保这是一段纯粹的阅读时间，而不是敷衍了事，或者在阅读时轻易就被短信和邮件等打断。这些事都可以等读完书之后再处理。

无论你多么期待能早点把《柳林风声》读给孩子听，

但对六个月大的宝宝来说，读这本书还是早了一点。在我家第一个孩子小的时候，我会读塞缪尔·佩皮斯（Samuel Pepys）[①] 的一些日记来哄他睡觉，虽然他之后也并没有成为佩皮斯作品的狂热粉丝。

最好从纸板书开始：这是一种用布或者结实的硬纸板做的无字书。最早的纸板书大多有六到七页，画着彩色或者黑白的图案和形状，上面挂着一些小部件供孩子们拉扯或者摩擦，可以制造出一些声音。我的三个孩子曾经都很爱这种纸板书。同时，这种书也能很好地让孩子体会到读书的乐趣。当你陪他们看书，给他们讲解的时候，不要觉得不好意思，记得加上一些音效，比如模仿动物的声音，这样能把你们都逗笑——这也是你在与孩子阅读时应该一直坚持做的事，让书变得生动鲜活起来。

别太心急

孩子长大一点后，比起一头扎进书的内容里，从书名和封面开始读可能会更好。不用担心在读的时候出现的停顿，比如对内容做一些评论，或者仔细分析某张图——图跟文字一样都能生动地呈现故事。理查德·斯凯瑞

① 17世纪英国作家和政治家，著有《佩皮斯日记》，对研究17世纪的英国具有很大的贡献。

（Richard Scarry）的书就是很好的选择，他的书里有非常多值得琢磨的图。阅读作家（同时也是插画家）罗伯·比达尔夫（Rob Biddulph）的书对孩子们来说也是一种享受。他的书不但插图精美、内容丰富，而且文字富有韵律，故事充满互动性，给人提供了很多猜想接下来会发生什么的机会。他的处女作《吹跑啦！》（*Blown Away*）就是一个特别可爱的作品。

事实上，对3—5岁的孩子开展的调查表明，慢慢读的确能达到非常好的效果。合适的停顿能够给孩子提供思考"接下来会出现什么词"的时间。比如，读到某个词后停顿一下，让孩子有时间思考，这样就能加深孩子对这个词的记忆，并能在不同的场合使用这个词。

即使有时候你手边没有合适的书，也可以通过跟孩子一起唱歌和学童谣来帮助他们掌握发声和记忆的技巧。在引导读书的初期，要尽量挑一些能让他们边玩边学的书，在愉快的玩耍中接触词和发音。书里反复出现的这些词和互动的内容对培养孩子的语言能力都有极大帮助。

怎样把书大声读出来

即使书中的故事里有很多角色，每种角色发出的声音不同，你也要尽量配合，感情丰富地把内容读出来。我喜欢给我的孩子们读 J. R. R. 托尔金（J. R. R. Tolkien）的《霍比特人》（*The Hobbit*），读的时候我发现，要给不同的角色配不同的音确实不是一件容易的事：这些霍比特人的口音被我用从约克郡腔到得克萨斯州腔胡乱配了一通。回头想想，角色太多的书可能确实不太适合拿来入门，可以从角色少一点的故事书开始。比如，角色较少、故事又非常受我的孩子们喜爱的有《大象和坏小子》（*The Elephant and the Bad Baby*），这是由埃尔弗里达·维蓬特（Elfrida Vipont）创作、雷蒙德·布里格斯（Raymond Briggs）配插画的作品，需要三种配音；《老鼠蒂姆》（*Tim Mouse*），这是由朱迪·布鲁克（Judy Brook）创作及配插画的作品，需要四种配音，其中一种是刺猬；还有《兔先生与可爱的礼物》（*Mr Rabbit and the Lovely Present*），这是由夏洛特·佐罗托创作、莫里斯·桑达克（Maurice Sendak）配精美插画的作品，需要两种配音。

如果你对计划要读的书不是很熟悉，碰巧在开始读之前还有些准备时间，那么在正式开始读之前快速看一遍甚至挑一些段落大声读出来是一个很不错的办法。专业的有声书朗读者绝不会毫无准备、在没有提前读过文本内容的情况下就直接跑去录音。当然，你朗读的东西并没有拿去商用的打算，但为了呈现一个好的效果，还是需要你对故事的章节长短以及角色出场情况做到心中有数。不过话说回来，如果你不小心读错了，也不要太担心：读书，归根结底是一件有趣的事。你也不是一个机器人，难免有出纰漏的时候。就算你读错了或者把某些角色的声音读混了，你的孩子还是会照样享受这个故事。

通常来说，你在公共场合讲话时，为了让自己能表达清楚，往往要放慢语速，不会说得太快；阅读也是同样。聊天时的语速比有声书的语速要更快一些，所以在阅读时，你应该参照后者的状态。尤其在你刚开始读，对角色和情节还不是很熟的情况下。当然，有时你会想通过加快速度来让故事听上去更加刺激，或者在另一些适当的时候放慢语速、渲染气氛。你也可以调整角色的语速，当你已经没有其他口音可用时，这也不失为一个好办法。总而言之，当你觉得自己读得有点慢的时候，或许此时的速度刚刚好。

放慢语速有一个好处，就是孩子能有更多的时间去理解那些不常见或者相对久远的词以及一些复杂的段落。曾几何时，作为一名实习记者，我学到的第一课就是在写作时要以读者的视角来想问题。同样，当你把故事读出来时，也需要以聆听者的视角来判断——你的孩子不会想听到一段没有感情的“语音播报”。当你在读书过程中为他们提供很多互动的机会，并且让他们感觉到你是在“和他们一起做这件事”而不是“让他们做这件事”时，他们会快乐得多。

多久读一次

试着每天都跟你的孩子一起读书，这样就能形成一个好习惯。近年来，会每天为孩子读书的家长已经越来越少了。尼尔森图书研究公司的一项研究显示，2013年时，英国超过2/3的学龄前儿童能听到别人给他们读书，但到了2018年，这个数字就已经降到1/2。在0—13岁的儿童中，只有不到1/3的儿童每天都能听到别人给他们读书。

一旦你的孩子开始期待睡前读书环节，你就知道，他们已经“上钩了”。就像之前提过的，你不需要担心自己读很长时间的书，只要他们的注意力开始分散或者脸上泛出无聊的表情时，你就可以停止，然后开展下一项活动。不过，如果一切进展顺利，其实吊着他们的胃口是比一直读下去更好的选择——所以你也得考虑在故事的某个高潮或转折之后让他们体会一把“欲知后事如何，且听下回分解”的感觉。

试着每天至少读10分钟（如果你偶尔遗漏了一天或

者读不了这么长时间的书也不必太过苛责自己)。如果你能读更长时间，那当然好；不过最好先从一个可达成的目标开始，让自己养成习惯，然后再以此为基础慢慢进阶。每天读 10 分钟意味着每周读书时间能超过 1 小时。如果你的孩子从小就养成了晚上读书后入睡的习惯，你就能随之发现其实孩子入睡前后的整个过程都会变得更容易调控。图书信托基金会也认可了这一点，并且在官方网页上围绕孩子的洗澡→读书→睡觉流程提出了很多非常好的建议。

如果你在读一本很厚的书，不要计算自己每天要读多少页以及要多久才能读完，因为这样很容易让你跟孩子都丧失读下去的兴趣。有些书你可能一下子就能读完(甚至还可能一口气反复读上两三遍)，但有些书要花上一周甚至一个月的时间才能读完。还有一点，并不是一次只能读一本书，你可以一次读好几本薄一点的书，或者一本薄一点的书加一本比较厚的书的其中一段——任何你喜欢的组合方式都行。

等到孩子上学以后，你需要帮他在假期继续保持阅读的习惯。只有这样才能避免“暑假学习能力退步”或者“暑假滑坡”现象的出现，毕竟阅读技能确实有可能会生疏，甚至会丧失。

读一遍，再读一遍

让孩子参与到阅读中是一个好选择。当你重读一本孩子喜欢的书时，可以让他聊聊自己的想法；在读到他还有印象的片段时，让他参与进来，或者你们一起把某些段落演出来。给儿子们读朱莉娅·唐纳森（Julia Donaldson）写的《咕噜牛》（*The Gruffalo*）时，我会时不时地停下来，让他们来完成接下来的部分，比如我会读："你要去哪呀，棕色小老鼠？来我的……"他们会接着说："……地下小屋一起吃顿午饭吧！"我们一起反复读了艾伦·阿尔贝格（Allan Ahlberg）的《桃子、李子和梅子》（*Each Peach Pear Plum*），让它深深地烙印在我们的脑海里。我翻动书页，他们对相应的内容都已烂熟于心，并且能够张口就来。有时候我会故意把顺序打乱，让他们来质疑和纠正我。

在我小的时候，妈妈用铅笔在《巴兹熊去露营》里增添的内容——巴兹说"那边有些树"——没有在晚上读完之后就被擦除，而是一次次地被融入到讲述里。

究竟该怎么对待自己的书？关于这个问题，不同的人有着不同的观点。在我看来，我们不应该把书本像博物馆里的文物一样供着。如果你的孩子想给一本书增加点内容，那又有什么不可以的呢？这其实也意味着你的孩子已经跟书建立了一种良好的关系。但是话说回来，如果孩子手握蜡笔跃跃欲试，那我一定会把那些花了大价钱买来的亚瑟·拉克姆（Arthur Rackham）的初版书藏起来。

反复阅读会带来一个问题：如果你的孩子在一个月里第三百次要求你读《大象和坏小子》时，你的心态可能就会彻底崩溃。这完全可以理解。我非常喜欢尼克·沙拉特（Nick Sharratt）创作的《公园里有鲨鱼》（*Shark in the Park*），我也诚心诚意地推荐大家阅读这本书，但说句掏心窝子的话，除非我的孙子孙女们要听，否则我真的不想再多读一遍这个故事了。

但是，一定要记住，孩子要求重读是因为他们乐在其中，所以你得努力控制住自己，不要把不耐烦和“想换本新书来读”的这种情绪表现出来。如果你对书的喜爱是显而易见的，那他们也会对书更有热情。他们喜欢“任何东西都没有变”的那种稳定感，试试在重读的时候漏掉某些信息，你很快就会发现这是行不通的。你的孩子想要听的是分毫不差、完完整整的故事！我和孩子们一起读了萨拉·加兰（Sarah Garland）的很多书，在她的《去购物》（*Going Shopping*）这本书里有一个超市里的场景：里面摆放着许多水果和蔬菜。我们第一次读到这里的时候，就把它们一个个都认了一遍。这还挺有趣的——某些水果蔬菜长得比另一些更好区分。对我的孩子们来说，有些东西是他们之前完全没见过的。可是在读了这本书好几遍之后，对我来说，一遍遍重复同样的话实在是有点无聊，我试着加快速度跳过这几页。可孩子们完全不让。我们只能把这些内容完整地、一遍又一遍地重复下去。

语言习得的相关研究表明，比起快速开始读新书的孩子们，那些要求父母一遍遍反复读同一本书的孩子在记住和理解新词的能力上更强。同时，研究还显示，当孩子们重读一本书时，随着他们对书的复杂性有了更深刻的理解，他们谈论书的方式也会变得更加复杂。

所以，笑着坚持下去吧。即使经过无数次的重复之后你们终于可以去读点什么新内容了，也还是要记得为孩子保留一点对这本书的兴趣和喜爱哦，毕竟说不定什么时候你的孩子会想把那本书翻出来再读一遍。

你不必一直做朗读者

如果你想有更多阅读体验，可以让孩子们试试自己阅读；哥哥姐姐也许很愿意为弟弟妹妹读故事。这对他们来说都是很好的阅读经历，不仅能帮他们加深彼此的关系，还能赋予年长一点的孩子责任感。弟弟妹妹通常会把自己的哥哥姐姐当成榜样，如果这个榜样爱读书，那简直不能更棒了。大孩子爱读书通常能影响和带动小孩子。此外，大孩子也有资格为小孩子以后读书给出建议。

同样的，祖父母也是很理想的朗读者。电影《公主新娘》（*The Princess Bride*）的整个情节就是在彼得·福尔克给他生病的孙子读故事的基础上展开的。他的孙子虽然一开始对读书不情不愿，但还是非常喜欢这个互动，最后他的孙子甚至要求第二天再听一遍。在威廉姆·高德曼（William Goldman）的原著小说中，实际上是父亲把故事读给一个痴迷于运动、对读书完全不感冒的十岁儿子听的，然后儿子生平第一次被“读书”这件事深深吸引住了。十岁儿子解释说，尽管自己能读书，但他非常喜爱父亲的嗓音；也是这本书鼓励他开始成为老师口中的“小说发烧友”——他看了无数本小说和冒险故事，比如《金银岛》（*Treasure Island*）和《三个火枪手》（*The Three Musketeers*）。此外，很多书中的主要人物就是祖父母和孩子，这会让读书活动变得更加特别。

该选哪本书

该选哪本书，关键在于你需要尝试各种各样的书，这样孩子们才能通过他们读到的东西中的那些与自己相似的角色，或者那些与自己的日常生活直接相关的问题来了解自己和自己的同龄人。

小学教育读写素养中心的《反映现实报告》是英国第一份研究儿童文学内容状况的报告，它首次发表于 2018 年。该报告的目的是量化和评估英国儿童出版读物的民族代表性及多样性的程度和质量。2018 年英国出版的 11011 本儿童读物中，只有 7% 的角色是黑人、亚裔和少数族裔，而 2017 年这一比例仅为 4%。在 2018 年的这些书中，只有 4% 的主角是亚裔和少数族裔，2017 年这一比例仅为 1%。在 2018 年的超过 1/4 的书里，亚裔和少数族裔只能作为背景人物出现。而亚裔和少数族裔学生占英国在校学生总数的33.1%。《卫报》（*The Guardian*）的一项研究也印证了这一观点，该研究表明，女性和少数族裔角色在儿童读物中出现的频率要低于男性和白人角色。

所以，当你在上网查询时，一定要考虑种族、性别、社会地位、残疾、宗教和地理位置。有些作者会从自己的个人经历出发来讨论和描述这些问题。罗莎琳德·谢尔文（Rosalind Kerven）的《英国童话和传说》（*English Fairy Tales and Legends*）包含十几个英国童话故事，每个故事都与一个具体地点或某个郡有关，比如《龙堡》中涉及诺森伯兰，《被仙女抢走的女孩》中有达勒姆郡，《公主》和《暗月》中有林肯郡。如果想以女权主义的视角改编《十二个跳舞公主》（*The Twelve Dancing Princesses*）这个童话故事，可以试试杰西·伯顿（Jessie Burton）的《不安的女孩》（*The Restless Girls*）；如果想从不同的角度解读《小红帽》（*Little Red Riding Hood*），可以找来妮基·戴利（Niki Daly）的《美丽的萨尔玛》（*Pretty Salma*）读一读——这本书把故事搬到了现代的加纳。在选择非小说类作品时，这一点同样重要。玛丽亚·伊莎贝尔·桑切斯·维加拉（Maria Isabel Sánchez Vegara）的经典作品《小人物，大梦想》（*Little People, Big Dreams*）就歌颂了建筑师扎哈·哈迪德（Zaha Hodid）、歌手埃拉·菲茨杰拉德（Ella Fitzgerald）、民权活动家罗莎·帕克斯（Rosa Parks）和娱乐明星约瑟芬·贝克（Josephine Barker）等女性，这是一部适龄作品，也非常具有启发性。

不要害怕尝试把书介绍给孩子，要让他们接触一些他们自己可能不太会接触的作品流派和作家，以拓宽他们的阅读体验。要做到这点，意味着你需要狠下心来做选择。一项调查发现，有1/3的父母会避开那些有吓人角色的作品，比如罗尔德·达尔（Roald Dahl）的儿童幻想小说《女巫》（*The Witches*）中有高阶女巫，道迪·史密斯（Dodie Smith）的《101斑点狗》（*The Hundred and One Dalmatians*）中的角色库伊拉·德·维尔。记住，如果孩子们觉得有什么让他们觉得不舒服，他们会直接叫停。在这个环境中，当有什么不对劲的时候，他们会发现并试图找出应对的办法，有时他们也会通过向你提问来了解当下的情况。我认识几个孩子，他们会彼此你追我赶地快速阅读J. K. 罗琳（J. K. Rowling）的“哈利·波特（*Harry Potter*）系列”，但当故事开始变得暗黑时，他们就会停下来，等自己长大一点之后再捡起书继续读下去。

书就是书，要一视同仁，不要把它们分成“给男孩子读的书”和“给女孩子读的书”。不管是关于精彩的动作戏和冒险故事的，还是涉及人际关系和对情感的思考的，这些书都不该局限给某个性别的人来读。女孩们的想法并不相同，男孩们也是如此。从长远来看，用一种固有印象将他们的兴趣定型是不好的，更糟糕的是，这还会减少孩子们能读到的书的数量。年轻读者们需要接触各种各样的书以供自己选择。“书就是书”行动是“玩具就是玩具”倡议的一个分支，是为了让出版商不要再特意给读物贴上给男孩读或给女孩读的标签。

小学教育读写素养中心建议，在选择儿童读物时要考虑以下标准：

多层次的文本——人在不同阶段都能阅读。

讨论重要主题。

生动形象、极富创造性。

由经验丰富的儿童读物作家和插画家创作。

经典的儿童文学作品。

有不同文化背景设定的故事。

让人能讨论和反思。

除了书籍的类型——小说、非小说、诗歌、漫画等——你还需要考虑书籍的大小。对孩子的小手来说，小开本的书会更方便，当然这里面还有一些其他的考虑。我家有一个书架，高度不高不低，又没办法调整，其中有一层，如果强行把标准大小的“小瓢虫（*Ladybird*）系列”或“疯狂侦探团（*Famous Five*）系列”塞进去就会显得非常别扭。但如果把陆陆续续积攒的那些小开本书放进去，看起来就非常合适，包括昆廷·布莱克[①]（Quentin Blake）的《快乐的光脚丫先生》（*Mister Magnolia*），帕特·哈钦斯（Pat Hutchins）的《惊喜派对》（*The Surprise Party*），雷蒙德·布里格斯的《父亲的圣诞节笑话集》（*The Father Christmas Joke Book*），安迪·潘迪（Andy Pandy）的《乡村》（*In the Country*）——我几十年前的一本老书，玛丽·海德维克（Mairi Hedderwick）的《凯蒂送邮包》（*Katie Morag Delivers the Mail*），两本考辛斯·露西（Lucy Cousins）的《圣诞快乐，小鼠波波》（*Happy Christmas, Maisy*），各种“红色小火车（*Little Red Train*）系列”的图书，“小杯子王子（*Noggin the Nog*）系列”的图书，我最喜欢的《调查员》（*The Omruds*）——里面都是很小的人物，奥德利牧师（The Rev.W. Awdry）的各种“小火车系列丛书”，狄兰·托马斯（Dylan Thomas）创作、爱德华·阿迪宗（Edward Ardizzone）绘制的作品《一个孩子在威尔士的圣诞节》（*A Child's Christmas in*

① 又译作昆汀·布莱克。

Wales），尼克·巴特沃斯（Nick Butterworth）的《秘密小道》（*The Secret Path*），还有《阁楼上的兔子》（*A Rabbit in the Attic*）——这书能让孩子把手指放在兔子形状的布片上，然后把它戳到每一页的洞里去。以上这些书都很受欢迎。

近年来也出现了大开本书籍的流行趋势。其中广受欢迎的作品有自然作家罗伯特·麦克法伦（Robert Macfarlane）的诗集《失落的词语》[①]（*The Lost Words*）和杰基·莫里斯（Jackie Morris）的全页插图作品——它们让人印象深刻不仅仅是因为那巨大的体形，还因为它们记录了一些自然界里的关键词，这些关键词正逐渐消失。亚历山德拉·米热林斯卡（Aleksandra Mizielińska）和丹尼尔·米热林斯基（Daniel Mizieliński）设计的《地图》（*Maps*）在很长一段时间同样大受欢迎，这部分要归功于理查德·斯凯瑞付出的努力，他通过反复的推敲以及精益求精的打磨，让每个对页都呈现出无数精妙的细节。另一本成功的作品——《穿越时空的街道》（*A Street through Time*）的文字作者是阿内·米勒德（Anne Millard），插画作者是史蒂夫·努恩（Steve Noon），它呈现了一片石器时代的营地经过几个世纪慢慢发展成为一座大城市的过程；这是一本大型的横版图画书，而非《地图》和《失落的词语》那样的竖版图画书。

① 又译为《失去的语言》。

大声朗读：在他们开始学习阅读之后

孩子开始学着自己读书以后，也不要以此为理由而突然停止你们的“大声读书活动”。小学教育读写素养中心强烈建议，即使孩子能够自己阅读了，家长也还是要继续给孩子读书或者跟孩子一起读书。如果条件允许的话，你可以坚持每天都读，尽你所能，保持一个相对较高且稳定的频率。对孩子来说，刚开始学习自己读书的时候是很困难的，家长可以在一旁辅助他，包括解决一些比较难理解的部分，在他读累了的时候接手朗读的任务。我们可能会听到很多类似“你能读一读吗”的提问或请求，如果你能坚持“大声读书活动”，就意味着在你的帮助和选择下，孩子也能接触一些情节有趣或主题立意深远的书（让他们自己读的话暂时还有点难度）。

我记得很清楚，在我小时候，妈妈会给我读约翰·梅斯菲尔德（John Masefield）的《午夜民俗》（*The Midnight Folk*）和《快乐之盒》（*The Box of Delights*）。闭上眼睛后，我能分毫不差地在脑中勾画出她坐在我的床边的样子，也能回味读到故事精彩的部分时，我求着她再多读一章的兴奋感。当时，如果让我自己去读这些书，我肯定会不太情愿，但这两本书毫无疑问是我喜欢的书。直到年过三十，我才捡起它们重新读；现在每到圣诞我都会重读《快乐之盒》。孩童听的理解能力比他们的阅读能力要更强一些，所以家长大声朗读是一种理想的方式，能让他们在轻松的环境里接触到新的词汇。当孩子不需要将大部分精力都集中在搞懂看到的单词是什么意思上时，他便更能集中精力理解故事脉络和剧情走向。就像莎拉·麦肯齐（Sarah Mackenzie）在她的《朗读家庭》（*The Read-Aloud Family*）里说的那样，刚开始学习阅读的六岁孩子没办法自己读懂《小熊帕丁顿》（*A Bear Called Paddington*），但如果有人读给他们听，他们就能享受这个美妙的故事。

除此之外，有时候，为孩子们朗读一本书能够让他们抓住一些在他们自己读书的时候容易忽略的元素。当然，你得鼓励他们多想想他们正在读的是什么，也许还可以让他们来预测一下接下来会发生些什么。同时，可以谈谈发生的事情对他们有什么启发，尤其是当作者写的内容饱含深意的时候。在丽贝卡·贝林罕（Rebecca Bellingham）的十分精彩的TEDxYouth演讲“为什么我们都应该给孩子们大声朗读”中，身为老师同时也是文化顾问的她谈到了这样一种现象：许多孩子感觉阅读就像是一个上了锁的建筑，他们没有钥匙，被挡在外面进不去。丽贝卡还认为，对那些有一身阅读技巧而且觉得读别人硬塞给他们的书一点乐趣都没有的孩子来说，大声朗读同样能帮到他们。“我们希望孩子们能走进阅读这座大楼，在里面玩得开心，并且选择留下来。”丽贝卡说。

爱丽丝·奥兹马（Alice Ozma）是一个很好的例子，她向我们证明，即使孩子到了很多父母认为应该停止为孩子大声朗读的年龄，大声朗读仍然可以起到很积极的作用。在她的《关于阅读的承诺：我的父亲和那些我们共读的书》（*The Reading Promise: My Father and the Books We Shared*）这本书中，她讲述了自己的故事——她9岁时住在新泽西，她的父亲保证每天晚上给她读一本书并且连续坚持了100个夜晚。从莱曼·弗兰克·鲍姆（Layman Frank Baum）的《奥兹国的铁皮人》（*The Tin Woodman of Oz*）出发，100个夜晚过去之后，他们读到了斯蒂芬·马内斯（Stephen Manes）的《三天之内让你做一个完美的人！》（*Be a Perfect Person in Just Three Days!*）。他们将这个过程称为“飞驰阅读”。

他们的故事并没有结束。夜读还在继续，最初设定的目标是1000夜，最终这场“飞驰阅读”持续了9年。那是第3218个连续夜读的晚上，父女俩选择在爱丽丝去读大学的那天截止。在阅读中，他们遇见了罗尔德·达尔、朱迪·布鲁姆（Judy Blume）以及《麦克白》（*Macbeth*）。这场体验给了爱丽丝一颗爱书之心。同时，爱丽丝还提及读书的经历如何帮助她从父母婚姻破裂的阴影中走出来，以及日常阅读怎样拉近了她跟父亲的距离。尤其是父亲经常会为她挑选一些书，希望能帮助她应对现实生活中遇到的问题，比如关于单亲家庭和霸凌问题。

即使你的孩子已经开始自己看书了，你们也要把讨论书本和阅读这件事坚持下去。这样能帮助孩子们理解他们正在阅读的内容，探索他们的经历以及拓展他们的词汇——等孩子们觉得自己不再需要这个互动的时候，他们会开口告诉你的。比如，我在给孩子们读莱曼·弗兰克·鲍姆的《绿野仙踪》时，一个孩子就发现了这个道理。孩子们在听故事之后开始讨论：如果必须二选一的话，大脑是否比心脏更重要。

此外，对话也能围绕着书本之外的内容展开，可以是你的一次海滩之旅，也可以是你小时候在学校里做过的一件事。

听孩子们自己读书是学校强烈推荐的方法，这确实是一个好主意。在让他们掌握阅读节奏和内容这件事上，有很多相似的规矩要注意：不要轻易干预他们的阅读进程，除非他们卡在某个地方出不来；参与的时候应缓步推进，给出足够的时间让他们思考或者自我纠错，再询问他们是否需要提示；让他们自己拿着书，自己翻页，这样他们才能自己控制阅读时间；就算他们犯了错，也不要轻易下结论——你竟然不会读这个字、你竟然不知道这个词是什么意思。对孩子们说这些话会打击他们的阅读积极性，毕竟没有人喜欢被贬低。

在你结束发言之前，一定要记得肯定他们的表现，然后挑出一些他们做得很好的事来说一说，比如，他们给某个角色的配音很到位，他们自己搞定了一个复杂难懂的词或者短语。如果你的话里包含着肯定和鼓励等积极成分，就会让他们下次还想读。记住，你一定要参与到阅读中，给出互动和反馈，而不只是坐在那里，大脑放空。你表现得越有兴趣，他们就越愿意跟你讨论书里的内容。

当然，这些互动极可能是随机出现的。特伦斯·汉伯里·怀特（Terence Hanbury White）的《石中剑》（*The Sword in the Stone*）就是一本学习怎样自检自省的书。在这本关于年轻亚瑟王的故事里，魔法师梅林很清楚接下来有什么在等着瓦特（亚瑟王童年时期的小名），所以梅林试着通过教瓦特习得动物的属性让他明白如何做好一个王。在每个化身中，瓦特都会学到一节不同的课：关于蛮力和权力（鱼）；年龄和尊重的差异（鹰）；绝对权力如何摧毁个人主义（蚂蚁）；如何民主（鹅）；领导者的孤独（獾）。这跟约翰·梅斯菲尔德在《快乐之盒》里为凯·哈克设计的情节有异曲同工之妙——哈克接受了猎人赫恩的训导。你可以问问孩子，在他们看来哪种动物或者属性是最重要的，或者他们更想成为哪种动物，以及为什么想成为那种动物。

当他们开始读给自己听之后

不管他们读什么书，“阅读”这件事本身都应该是一种乐趣。别把阅读变成一项任务，或者只给他们挑那些你认为他们该读的书；也不要因为别人家的孩子在读一些书，就硬逼着自己的孩子也去读。在挑选读物上给出鼓励和建议是很好的，但要记得让他们自己做主。在《如何再次拿起书》（*The Pleasures of Reading*）中，艾伦·雅各布斯（Alan Jacobs）讨论了“一时兴起的阅读”有多么重要，即别再过分担心自己是不是在阅读“该读”的书，享受阅读就好。他讨论的是成年人的阅读习惯，但对孩子也同样适用。雅各布斯并不十分认同“必读书单”这种东西——其中往往包含着各种避不开的经典作品。你并不是非得要孩子读完所有“适合十四岁以下儿童阅读的最佳读物”。我小的时候很喜欢里奇马尔·克朗普顿（Richmal Crompton）的《淘气小威廉》(*Just William*)，每次妈妈读这些故事给我听的时候我都笑得上气不接下气；但我的孩子们就不觉得这本书有什么可乐的。不同的人喜好不同，这才是生活的常态。

除了培养读写能力以外，阅读还有助于发展其他能力。我的儿子痴迷于罗伯特·穆查摩尔（Robert Muchamore）的“小天使（*Cherub*）系列”，而这个系列也正好成为让他接触更多成年人主题作品的“引子”——“小天使系列”主要围绕一群孤儿展开，他们被培训成情报人员，去处理涉及毒品、性和暴力的案件。当然，穆查摩尔是以一种谨慎理性的方式去创作的。穆查摩尔曾说，他有一个“东区边缘人测试”：他会从本质上把控作品，不让任何一个“‘少儿不宜’的肥皂剧里的东西”出现。我对这个系列不“感冒”，不过我也不是他们的目标读者，但我的儿子们就很喜欢。

年龄范围和系列作品

记住，千万不要低估孩子的阅读能力。你可能觉得某些书对孩子们来说“太陈旧”，你也会觉得另一些书对他们来说“太浅白”，但其实这样的阅读经历对他们来说还是很快乐的，他们也能收获很多知识。重要的是你得尊重他们的选择，即使你在心里并不认为他们选的书是对的——毕竟如果因为对他们的选择指手画脚、嫌这嫌那，最终影响了他们的读书热情，就得不偿失了。如果你不确定他们的选择是否合适，也可以以此为契机来跟他们讨论。如果他们挑到难度很大、超出自身现有阅读水平的书，啃起来很困难而且越来越不想读，你就得准备好陪他们一起看，或者以读给他们听的方式来温柔地鼓励他们。

在书评和书封上一般都会有适合阅读年龄的推荐。它确实有一些基础性的指导作用，但你完全没必要被这些所谓的“年龄限制”束缚。比起确保自己的选择是在“官方限定范围内”，让孩子们挑选自己读起来觉得舒服的书显然要好得多。当然，如果孩子们挑中了一些所谓的“低年龄段读物”，也千万不要让他们觉得羞愧。相反，如果一本书是“专为高年龄段孩子准备”的，你的孩子可能也会喜欢。当然，请你别把他们的阅读能力当成吹牛的资本，阅读从来就不是一场在校门口遇上了就开始的比赛，更不是在一起玩的时候偷瞄对方书包里装着什么的较量。

一旦摸清了门路，系列作品通常会很快在孩子的脑海里扎根。我就曾经痴迷于《阿尔弗雷德·希区柯克和三位调查员》（*Alfred Hitchcock and The Three Investigators*），奥德利牧师的系列书籍（当然部分原因是里面的插图好看），安东尼·巴克里奇的“詹宁斯系列丛书”，埃尔热（Hergé）的《丁丁历险记》和勒内·戈西尼（René Goscinny）的《高卢英雄历险记》。更近一点的例子包括汤姆·麦克劳克林（Tom McLaughlin）十分搞笑的“意外系列”——其中的《意外成为总统》（*The Accidental Prime Minister*）得到了我们全家的一致喜爱，皮尔斯·托迪（Piers Torday）充满想象力的《荒野》（*Wild*）三部曲，还有杰森·雷诺兹（Jason Reynolds）的“行踪（*Track*）

系列”——《枪声下的飞毛鬼》（*Ghost*）、《帕蒂纳》（*Patina*）、《桑尼》（*Sunny*）和《卢》（*Lu*），其中，《卢》讲述的是关于年轻的运动健将的故事。这个四部曲还有着特别精良的封面设计。不要认为他们这种阅读方式是一种“浪费”——孩子还在学着理解故事的意义，如果他们想再读一遍，就意味着他们正专注于这个故事，专注地做事不该被指责或者阻挠。事实上，成年人也经常会重读一本书。有研究表明，不仅有3/4的18岁以上受访者会重读书籍，而且前20名重读读物还包括童年时期最喜欢的托尔金的《魔戒》（*The Lord of the Rings*）和《霍比特人》，罗琳的“哈利·波特系列”，刘易斯（Lewis）的《狮子、女巫和衣橱》（*The Lion, the Witch and the Wardrobe*），以及安娜·瑟维尔（Anna Sewell）的《黑美人》（*Black Beauty*）。当然，你也可能会发现你的孩子曾经抱着一套书翻来覆去地读，但突然在某一天就“移情别恋”到新的书上了，比如《野兽探索》（*Beast Quest*）或者“花仙子（*Flower Fairies*）系列”再也吸引不了他们了，但这也不是问题。

除了系列作品，还要关注它们的续集或前传，甚至只要是同一位作家的作品都可以留个心。在我家，从雷克·莱尔顿（Rick Riordan）的“波西·杰克逊（*Percy Jackson*）系列”到他的其他系列作品，从克蕾西达·考威尔（Cressida Cowell）的“驯龙高手（*How to Train your Dragon*）系列”到她的“远古魔法师（*Wizards of Once*）系列”，由于对他们风格的欣赏和喜爱，我们在读的时候甚至做到了上一部作品和下部作品的无缝衔接。

书是读了，却觉得似乎没什么用

尽量把“一起阅读”打造成一次次充满趣味的体验活动。成年人在阅读期间配上一些零食和饮料能提升阅读体验，其实这招对儿童来说也是有效的。如果他们表现得有些躁动不安，尤其是在年纪小一点的时候，可以考虑让他们的玩具陪伴他们阅读——不必非得直挺挺地坐在那里读书。他们能做到边做其他事边看进去或者听进去。

有些书会比另一些更适合大声朗读，比如那些以作者给孩子们讲故事为视角的作品，像朱迪斯·克尔（Judith Kerr）的《老虎来喝下午茶》（*The Tiger Who Came to Tea*），还有鲁德亚德·吉卜林（Rudyard Kipling）的《原来如此：讲给孩子们的故事》（*Just So Stories*）。吉卜林这本书是特意向“适于朗读”的读物方向创作的，是为他的女儿艾菲而创作的一本书。在这本书的前三个故事于1897年发表之后，吉卜林在《圣尼古拉斯》（*St Nicholas*）杂志上解释了自己的创作初衷：

> 晚上我会读些故事哄艾菲睡觉，而且读的时候不能有一点点错误，一个错字都不行。我得逐字逐句、原原本本地照着读，否则艾菲就会醒来，把我的错漏认真补上。所以到最后，这三个就全都变成了咒语似的鲸的故事、骆驼的故事和犀牛的故事。当然，每个小朋友各有各的不同，但据我观察，如果能在一天结束的时候，抓住艾菲有些疲倦犯困的时机，用相对低沉的声音把我写下的故事准确地读出来，艾菲很快就会缩成一团，甜甜地睡去。

可惜的是，并非所有适合读出声的作品都能吸引你和孩子。每本书都可以试试，但当你跟孩子都不感兴趣的时候也没必要勉强继续读下去。有些书对你的孩子来说效果很不错，但别人读给他们的孩子听时就没那么好了。所以，即使有些书在你的朋友嘴里和其他评论那里都非常好，你也要思考一下这些书是否适合自己的孩子，要不要放弃。

让孩子看到你也在读书

无论孩子多大，能让他们看到你也在读书都是一件好事。如果你把所有的时间都花在玩手机上，他们也一定会“有样学样”；但如果他们看到你总是在读书，说不定他们就会照做。

在鼓励孩子阅读这方面，阅读策略非常重要，能够找到好书同样重要，研究结果也证实了这一点：有更多书籍储备的家庭（80—350本左右）更容易培养出热爱阅读的孩子，并且随着时间的推移，孩子的识字率和计数能力也会提高。

家里有很多书的好处是，它们能让你的孩子有更多的选择。你建议读的书他们可能会喜欢，但即便他们不喜欢，也能容易地找到其他书来读。这也是为什么去书店选书比在网上浏览好得多——不仅因为前者更有趣，还因为你的孩子可以在不受到成年人影响的情况下体验究竟什么样的书才适合自己。你既要鼓励他们阅读，也要让他们思考自己真正想要的是什么，而不是只接触那些被筛选出来的、对他们来说“好”的作品。

大批量购买新书可能会花掉你一大笔钱（尤其在一出精装书你的孩子就嚷嚷着要买时），所以买二手书也可以纳入考虑范围。我在我儿子的小学校园里经营书摊已经有十年时间了，其实也就象征性地收点钱，跟一杯咖啡的价格相比，书的售价可谓十分“美丽”。遗憾的是，二手书店在逐渐消失，花点时间找找二手书店是有意义的，尤其是在假期里，淘淘书、砍砍价是很有意义的事。大多数慈善商店也有儿童图书区，那里的书流动性很高，所以每隔一段时间去一次通常都能发现新书。当然，如果在当地书店买不到想买的书，去网上搜索往往就能找到。

拥有一个自己的书架或书柜可以增加孩子对书的喜爱和珍惜程度。我到现在仍然清楚地记得坐在自己第一个书架前的感受，仅仅是把书拿起来再放回去，知道自己真正拥有了它们，就已经非常开心了。

一定要把书拿出来，别把书都藏起来。如果房间里的书随处可见，你跟你的孩子随手拿起来读一读的可能性就会变大。同时也要考虑一下房间里的书该怎么摆放——如果它们是被胡乱堆在一起而且书脊面朝墙的话，同样也不会让人有拿起来看的欲望；但是，如果书籍以一种整齐有序的方式排列并且书脊朝外，它们那精心设计的封面就能露出来，你也会愿意读读看（许多作者在书店看到自己的书打折时就是这么干的）。

克蕾西达·考威尔：为所有孩子创作的魔力

克蕾西达·考威尔是英国水石童书作者大奖的得主，也是畅销书“驯龙高手系列”和“远古魔法师系列”的作者及插画师。

成为英国水石童书作者大奖得主就像获得了另一种身份，它鼓励着我去考虑自己作为作家所肩负的指导责任。我作为获奖者，有这样两个出发点：

第一点，书本和阅读是有魔力的。

第二点，它们的魔力必须——立刻、马上——让所有人都能得到。

作为一名创作者，我想为所有的孩子创作；作为一名获奖者，我想让所有儿童都获得这种魔力。

20年前，当我开始创作“驯龙高手系列”作品时，人们非常关心男孩们的阅读，以及我们可以做点什么来增加他们对阅读的喜爱。

许多父母告诉我，读我的书让他们的儿子开始喜欢看书了；但我不得不说，尽管听到别人说我的书很“有效”，但我自始至终都没有打算只写给男孩子看的书。我不想写出一本“给男孩看的书”或者“给女孩看的书”，我也不想概括说什么是男孩该做的，什么是女孩该做的——这都很容易成为一个自我满足的预言。我从来没有意识到我书中主人公的性别会成为一个问题：我已经记不清有多少九岁的男孩说《驯龙高手》中不屈不挠的女英雄卡米卡齐是他们最喜欢的角色。这也是为什么我如此强烈地希望男孩和女孩能读同一本书——女孩们需要看到那些与她们没什么不同的女孩如何变成坚强勇敢、充满活力的英雄，男孩也是。所以当我写书的时候，我脑子里不会勾画出一个“男孩读者”的设定。

但我的大脑中确实有一个“不情不愿的读者”。在当下这个孩子们不需要做任何事，电视和电影也会神奇地跑进他们头脑中的时代，该如何让孩子愿意花时间、精力追求阅读带来的快乐？毕竟，学习阅读的过程可能会让孩子们在脑中把书籍跟困难或“挣扎”联系在一起，尤其是如果他们有阅读障碍或学习上的其他困难的话，难度就更大了。

我非常努力地想去打破那种联系。我让书中的故事情节紧凑、扣人心弦，用尽可能多的夸张、复杂的插图来调整文本，邀请孩子来阅读，并且在他们能坚持读下去的时候给予奖励。我将封面尽可能设计得闪闪发亮，跟宝石一样，这样，在孩子心里，书才会是“糖果”，而不是“抱子甘蓝”。

将阅读的魔力传递给所有孩子是一项复杂而奇妙的任务，它时而让人沮丧，时而又让人期待并且觉得很有价值。

阅读不仅涉及作者和插画师，还涉及一个好的环境，在这个环境里，人们能在正确的时间内将合适的书交到需要它的孩子手中。对孩子们来说，如果他们的父母不买书，他们也不去公共图书馆，就读的小学里也没有图书馆，他们又能从何感受到阅读的快乐并且愿意为了得到它而成为一名读者呢？

研究表明，为了快乐而阅读的孩子比其他孩子有着更大的优势。我们这个国家的每个孩子都有权拥有一个藏书丰富的学校图书馆，以及一名可以在他们的阅读过程中进行指导和提供帮助的图书管理员。作为获奖者，我会尽最大努力推进下面阅读条例里每一点的落实，这样我们就可以建立一个“全民阅读”的国家，让阅读的魔力为所有人拥有。

水石童书作者大奖得主克蕾西达·考威尔的阅读条例。

每个孩子都有权：

1. 为了快乐而阅读。

2. 在学校、图书馆和书店读到新书。

3. 在受过训练的图书管理员或者售书员那里得到阅读建议。

4. 拥有属于自己的书。

5. 在书中看到自己的影子。

6. 大声朗读。

7. 选择自己要读什么书。

8. 每周至少有 15 分钟能发散思维，发挥创造力。

9. 至少去过一次作者见面会。

10. 拥有一个阅读空间。

阿比·埃尔芬斯通：我从书中学到了什么

阿比·埃尔芬斯通（Abi Elphinstone）是儿童畅销书作家。她的作品包括《伦拜斯特》（*Rumblestar*）、《天空之歌》（*Sky Song*）、《掠梦者》（*The Dreamsnatcher*）三部曲，以及写给年轻读者的《雪龙》（*The Snow Dragon*）。在创作间隙，阿比在科拉姆比恩斯托克慈善机构做志愿者，也在学校演讲，同时还周游世界，以便为下一个故事寻找灵感。

我是一名作家，走上这条道路最重要的原因是我生长于苏格兰农村，旷野养育了我。周末，我在野外跑来跑去，在森林里挖洞建穴，或者跳进冰冷的河里，这些经历让我对大自然产生了一种强烈的好奇心和求知欲，更在我的脑袋里塞满了故事。有时我会把这些故事写下来，有时则与我的兄弟姐妹一起演出来，但更多时候，我只是放任它们在我的脑海里打转。并不是所有的想象都一定要有意义，我十分认同这个观点。

可是，学校里有着各种各样的考试、测试以及年末评估，所有东西似乎都要有一个对应的意义。对那些被班主任称为“朽木不可雕”和“容易让人时不时就想放弃”的孩子来说，这也是个不小的挑战。我曾经是个调皮捣蛋分子。当然，现在回想起来，我已经充分明白了给自己的法语老师挖坑是绝对不行的，从数学课堂偷溜去森林里撒欢也是非常不明智的，但这一系列任性行为的根源是另一个问题——我有阅读障碍。这个问题在学校并没有被“发现”，我也是几年之后才意识到的。

虽然不能把我童年所有不合时宜的行为都归咎于这个原因，但我认为这让我明白了为什么自己的想法与大多数人不同——而且，不同其实没什么问题，甚至不仅仅是“没问题”。因为事实证明，以不同的方式思考是创造性思维的关键，同时也是写作的关键。我从不在课堂上大声朗读，因为那时候对我来说，单词常常在书页间“跳来跳去”，导致我发出听不懂的声音。由于理解能力不够，我过去常常需要花几小时才能理解那些简单的作业要求。当我试着编一个故事时，常常会把自己弄得一团糟，因为“组织信息”会让我的大脑陷入混乱。

但是，我的大脑时常会蹦出一些好想法——尤其是在创作时，而且如果这些想法是基于我曾经看到过或做过的事情，效果会更好。或许这跟我童年在野外的冒险有关。彼时探索过的那些地方仍然存在于我的脑海中，如同放电影一般。但如果我没有发现当地图书馆和其中的藏书楼的话，或许这一切就得不到进一步的发展。在发现那些“宝地”之后，我开始看童话，从汉斯·克里斯汀·安徒生（Hans Christian Andersen）的《白雪皇后》（*The Snow Queen*）和《小美人鱼》（*The Little Mermaid*），到格林兄弟（The Brothers Grimm）的《格林童话》（*Fairy Tales*），因为有亚瑟·拉克姆的插图。它们实在是太精致、太好看了，我每天晚上睡觉前都要花上一小时来读读看看。虽然起先是被插图吸引，但我逐渐感受到了故事本身的力量。我反复琢磨着角色的名字（难道还有比“侏儒妖”更合适的反派角色名字吗），我喜欢童话语言的简单、令人熟悉之感，以及其反复重叠的韵律。我如饥似渴地享受着故事里那些黑暗的情节，也全心全意地相信故事里的魔力。最终，我逐渐想要读一些更复杂的情节，自然就将目光从童话故事转向了冒险类作品——前面会给出一张地图的那种更好，女主角表现越差越好。于是我发现了吉尔·墨菲（Jill Murphy）的“魔法学校（*The Worst Witch*）系列”，克里斯·瑞德尔（Chris Riddell）和保罗·斯图亚特（Paul Stewart）的《边缘编年史》（*The Edge Chronicles*），菲利普·普尔曼（Philip Pullman）的《黄金罗盘》（*Northern Lights*）。

童年的冒险经历让我对世界产生了一种惊奇感和好奇心，而这段时间里我读过的书则将这种惊奇感具象化为有形状和结构的一个个想法。同时，它们也让我领悟了生活的点点滴滴。《狮王、女巫与魔衣柜》（*The Lion，the Witch and the Wardrobe*）里的露西·佩文西教会我，即使你周围的长辈都已经忘了如何保持好奇心，你也不能丢掉自己的好奇心；《魔法学校》中的米尔德里德·哈勃让我知道，做一个善良的人有多重要；罗尔德·达尔的《玛蒂尔达》（*Matilda*）让我明白，激情加决心能创造出各种各样无与伦比的东西；《黄金罗盘》中的莱拉·贝拉奎亚告诉我，女孩可以像男孩、成年人甚至北极熊一样勇敢无畏。

插画是我爱上阅读的关键，直到多年后，这种视觉上的提示仍然对我的创作起着至关重要的作用。我会去野外探险，为我的书寻找合适的背景设定。写《天空之歌》时，我曾经坐着狗拉雪橇穿越北极，与蒙古的哈萨克鹰猎人生活在一起。而在我的第一个系列作品《掠梦者》三部曲中，每一个背景设定都植根于我小时候的探索之地。我依靠绘本，尤其是经典童话故事或者杰基·莫里斯创作的插图故事，为作品拟定奇妙的主题；我通过翻阅摄影书籍搭建神奇的世界，比如我的新书《未知编年史》（*The Unmapped Chronicles*）中的伦拜斯特的天空王国和在黑暗中隐隐发亮的雨林。逛博物馆能帮我构想出一些稀奇古怪的东西。当我试图发明一些新单词时，我就会玩拼字游戏。

成为一名作家并不容易。经历了 7 年时间、3 本未出版的书和 96 封文稿代理人的拒绝信后，我才终于得到一份敲定的协议。不过话说回来，我成为一名读者的经历同样不顺遂。但多亏了书中一群英勇无畏的女英雄，我在她们身上看到了好奇心、善良、激情、决心和勇气——这些品质最终会让我们到达任何自己想去的地方。

第三章

培养孩子的阅读习惯

父母在培养孩子的阅读习惯时，往往想从小说类作品入手。当然，大多数书店也倾向于在童书区摆满各种各样的小说。美国的研究表明，普通儿童每天阅读非小说类作品的时间不到四分钟。但是，父母仍然可以试试鼓励孩子阅读非小说作品，尤其是在他们没有找到符合自己口味的小说时。

互联网上有一种观点认为，阅读非小说类作品效果更好，因为它鼓励儿童（和成年人）去真正思考复杂的主题，而不是心不在焉、忽快忽慢地随性阅读。传统和严肃的阅读方法要求更高，但往往也能带来更好的结果。

为什么要选择非小说类作品

小说可以提高孩子的词汇量，非小说也可以

在一本图文并茂的书中，插画有助于解释新单词和新概念。或者正如苏斯博士在《我闭着眼睛都能读书！》（*I Can Read with My Eyes Shut!*）中所说的那样，“学得越多，你去的地方就会越多”。书中的内容会给孩子们介绍读书的概念，尤其重要的是，书中的内容还会告诉孩子们，书能给人带来快乐。

它提供了一种不同的、或许更适合孩子的阅读方式

与小说不同，许多非小说类作品并不一定要从头读到尾，甚至有些书不需要按目录的顺序阅读——这意味着在读这本书时，孩子能掌控一切，略过开头，跳着看，看得时快时慢都行。

它有助于培养孩子的生活技能

从更基础的角度来说，了解周围的世界能帮孩子们更好地处理他们在以后的生活中可能遇到的问题：从找工作到读手册，从看明白广告是怎么回事到读懂时间表的安排。

怎么让你的孩子学会考虑别人的感受

非小说类书籍也能帮你教会孩子以一个开放的心态看待某个主题，学习不同的观点。具体来说，小说类和非小说类作品都有助于培养孩子的同理心。对生活在 21 世纪的任何一个年轻人来说，对他人——尤其是那些面临着特殊挑战的人——的处境给出情绪上的反应是一项至关重要的技能。

《安妮日记》（*The Diary of Anne Frank*）是一部非凡的回忆录。它记录了在被纳粹占领时期人们东躲西藏的生活状况（比如味同嚼蜡的食物、有限的水和厕所）；此外，书中还呈现了作者很多关于家庭的抱怨，这部分内容引起了众多年轻读者的共鸣。对年轻读者来说，要想了解当前的难民危机，可以试着读一读弗兰西斯卡·桑娜（Francesca Sanna）的《旅途》（*The Journey*）。这是一个以现实生活为灵感创造出的故事，它生动有力，并且已经得到国际特赦组织的认可。如果倾向于图片多的书，可以看看詹姆斯·莫里森（James Mollison）的《孩子们睡觉的地方》（*Where Children Sleep*），这本书呈现了世界各地的孩子们睡觉的照片。当然，伴随这个主题，各个家庭之间的巨大鸿沟也自然而然地呈现了出来。莫里森与救助儿童会合作，鼓励人们关注地球上儿童的生活方式并给出回应。这个目标在他的下一部作品《操场》（*Playground*）里同样得到了体现。《操场》关注的是世界各地的学校操场。

在一个充斥着“假新闻”的时代，阅读非小说类作品的能力显得尤其重要，因为阅读技巧能帮我们区别什么是真实的，什么是存疑的。让孩子接触分析技巧以及课题的研究方法，有助于让他们成长为有洞察力和批判性思维的成年人。例如，阅读关于历史事件的各种资料，能显示从多个角度看问题的重要性。

前英国儿童文学桂冠作家马洛里·布莱克曼（Malorie Blackman）把读小说描述为“一次变成别人的短暂经历”，这其实同样适用于某些非小说类作品。这也是为什么对喜欢听真实故事的孩子们来说，传记类非小说作品特别有吸引力。他们对小说作品里虚构的故事不感兴趣。

除了类似“汽车是怎么运作的”说明类的非小说类书籍，叙事类非小说作品也很受欢迎。它们对本来就特别喜欢剧情跌宕起伏的读者有着尤其强烈的吸引力。这些书会运用讲故事的技巧——倒叙、戏剧性变化、第一人称叙述等——呈现作者想讲述的内容。玛格特·李·谢特利（Margot Lee Shetterly）的《隐藏人物》（*Hidden Figures*）这部作品在2016年被拍成了电影——以四位重要的非裔美国女性的视角讲述了美国的太空计划。这本书最初的目标受众是成年人，但现在也发行了可供青少年读者阅读的图画书版本。

当然，并不是只有小说才能大声朗读，非小说阅读也鼓励互动。在亲子阅读时，你们停下来讨论那些不寻常的事实或新的理论，能让你的孩子更容易开口说出他们的想法。此外，这也有助于建立阅读和写作之间的联系——你的孩子可能会想针对他们最喜欢的话题，根据自己的阅读储备知识写上一本小“书”，或者给你设置一个小测试，看看你能答多少分。

无论你怎么选，目的都是鼓励孩子把他们读到和看到的东西联系起来，并且为他们创造一个更大更好的世界图景。

如何挑选书籍

你正在推开一扇敞开的门

孩子们天生好奇。他们为事实和信息着迷，想要了解很多关于世界运转的方式和原因。合适的书可以真正激励孩子，提高他们对很多问题的认识，哪怕他们还没有遇到这些问题。

非小说类作品千千万，总有一些适合你的孩子阅读

鱼、时尚、骑士故事、电子游戏、足球、烹饪、奇怪的事实（孩子们喜欢各种各样奇怪的东西，或者说得再直白点，他们喜欢有点恶心的东西，所以“恶心但有趣”的书往往很受欢迎）……书单是列不完的，而且几乎也没有什么主题应该被禁止。如果需要什么书来帮你给正在上小学的儿子或者女儿解释进化论是怎么一回事，那你可以试试特蕾西·特纳的《如何从汤里变出一个人》（*How to Make a Human Out of Soup*），书中还有萨莉·金德伯格（Sally Kindberg）创作的插图。如果你想聊一聊微生物的故事，那就看看尼古拉·戴维斯（Nicola Davies）的《蒂尼》（*Tiny*），书里有埃米莉·萨顿（Emily Sutton）的插图。

非小说类作品能自然地融入孩子周围的世界

我七岁时最喜欢的书是一本关于巨石阵制作历史的书，我把它从图书馆借出来好多次翻来覆去地看。里面有很多插图，满页都是奇形怪状的字。我现在似乎还能回忆起它在我手中的感觉：一本开本稍大的平装书，由于被大量翻阅，一些散开的书页用胶带粘在一起。即使过了 40 年，我仍然零星记得里面的内容。也是在和我差不多这么大的时候，我最小的孩子沉迷于一本讲地图类的大开本图书，好几个星期都无法自拔，而且还因此爱上了各种各样的国旗。到 2016 年欧洲足球锦标赛时，他不仅对所有参赛国家的国旗如数家珍，还能认出数十面欧洲大陆以外国家的国旗。

你可以：

观察你的孩子对什么感兴趣，然后为他们找到合适的读物。

以当前发生的事件为基础，挑选相关书籍。

抽出时间讨论孩子们在阅读上遇到的问题。

许多孩子对恐龙十分痴迷，因此这也可能成为一个向孩子介绍考古学或21世纪濒危物种的契机。

一起讨论，而不是直接灌输

无论你和孩子挑中了哪种风格的书，最好都不要赶趟儿似的快速浏览。好的做法是，定期停下来，讨论一下书中提到的问题，以及它与孩子可能读过的其他书籍的联系。通过提问，让孩子们思考自己在读什么，或者鼓励他们在另一本书里寻找答案，而不是简单地把信息灌输给他们——别把自己当成一个“阅读导师”。

当然，你也可以考虑抽点时间浏览网页，以作为读书的有益补充。例如，威廉·格里尔（William Grill）的《沙克尔顿之旅》（*Shackleton's Journey*）是一部关于欧内斯特·沙克尔顿（Ernest Shackleton）在南极探险的精美插画书，它的部分灵感来自探险摄影师弗兰克·赫尔利（Frank Hurley）记录的影像。赫尔利拍摄的那些极具氛围、引人入胜的照片很容易在网上找到，这对格里尔的精彩作品也起到了绝妙的补充作用。而上网搜索这件事本身就可能将你们引入对两次世界大战的讨论中——赫尔利的作品里有与此相关的内容，以及发现与此主题相关的其他书籍。如果你们正在一起阅读《失落的词语》，可以顺便在网上搜一搜书中提到的动植物的视频，或者听听以这本书为灵感创作的可爱专辑《咒语之歌》(*Spell Songs*)。虽然你不想让阅读时间沦为使用电子屏幕的时间，但有时把两者稍微结合一下也没什么太大的坏处。

慎重做出选择

让孩子对非小说类作品感兴趣的最好方法之一，是把它融入孩子的生活。比如，如果你要去度假，可以试着找几本与目的地相关的书。举个例子，如果你要去西班牙，一本插图精美的图画书——比如詹姆斯·梅休（James Mayhew）的《凯蒂和西班牙公主》（*Katie and the Spanish Princess*）会是一个好选择。虽然它从技术上说是小说类作品，但换个视角，它也可以被当成非小说类作品，因为如果参观画廊是你旅行计划中的一部分，这本书能为你提供关于西班牙名画的介绍。像马德里的普拉多博物馆这样的著名博物馆基本都有相应的网站，里面有大量的信息和图片供你配合阅读。勒内·戈西尼的“高卢英雄历险记系列”的《高卢英雄在西班牙》（*Asterix in Spain*）是一部从北到南贯穿西班牙的幽默故事；年龄大一点的儿童和青少年可能会喜欢洛瑞·李（Laurie Lee）的回忆录《当我在一个仲夏清晨出走》（*As I Walked Out One Midsummer Morning*），书中讲述了他十几岁时在西班牙街头卖艺的故事。你也可以在地图上寻找你的度假屋或目的地，在规划路线的同时沿途寻找有趣的景点。地图、旅行指南和游记都能让你的旅行变得更有趣。试着把旅行体验和阅读联系起来，增进了解，让旅行更加愉快。

如果你的孩子喜欢看某部电影或某本小说，或许他们更能接受可以增加故事深度的相关非小说类书籍。比如《星球大战》（*Star Wars*）的粉丝可能想了解更多关于机器人和人工智能的知识，麦克·莫波格（Michael Morpurgo）的《柑橘与柠檬啊》（*Private Peaceful*）会自然而然地让读者对第一次世界大战的历史产生兴趣，“哈利·波特系列”中的麻瓜和纯血统问题可能会成为读者想要了解种族主义的一个契机。有时，一个小细节也许就会带来一场新的阅读之旅：在麦德琳·兰歌（Madeleine L’Engle）经典的时空旅行小说《时间的皱纹》（*A Wrinkle in Time*）中，十三岁的主角梅格到了一颗名为伊克切尔的星球；伊克切尔也是一位玛雅女神的名字，这也许是孩子了解玛雅文明的起点。在读这本书的时候，掌握额外的背景知识，能丰富你们的阅读经历，也有助于你和孩子更深入地理解书里的内容。当然，这并不意味着你必须先成为某些领域的专家，才能对孩子感兴趣的话题进行评价——比如关于城堡或者恐龙的知识，可能大人了解得远不如一个六岁的孩子多，这种情况不在少数。

非小说类书籍还能让孩子们学会以多种方法阅读一本书。比如，可以在目录中找到主题，在索引中挖掘细节，在词汇表中确认含义，正确看懂地图和图表的技巧更无须赘言。插图往往特别容易引起孩子们的兴趣，所以对年纪偏小的读者来说，比起满页都是文字的书，那些有大量插图的书自然就更有吸引力。

科学家也要读书

不仅限于艺术或者人文学科，应该说，很多学科的学术成功都基于阅读。英国读写素养基金会的研究表明，孩子读中学时在理科科目上考高分的关键因素是掌握了良好的识字（阅读）技能。阅读技能的缺乏会让孩子在理解相关理科词汇时更吃力，在准备实践调查的相关报告时效果也不太理想。事实上，如今我们对科学和人文学科的区分，并不会被过去最优秀的那批人认可。

别忘了还有与非虚构类作品相关的图片

有许多非小说类书籍非常依赖图像。最近的一个出版趋势是非小说类图画书，这也许能满足爱看图画小说和漫画的小读者们的口味。当这些书与其他书籍一起搭配阅读，或者成为某个更大的教育计划的一部分时，它们也能产生很好的效果——关于恺撒大帝或斯巴达克斯历史的配图作品，就能以一种活灵活现又不会太过火的方式将古罗马历史呈现出来。这些画能帮助孩子更好地理解故事，也能让人更直观地感受到文字描绘的动作和行为。比如以下这些作品就是很好的范例：

阿拉斯泰尔·亨弗瑞斯（Alastair Humphreys）的《伟大的冒险家》（*Great Adventurers*），由凯文·沃德（Kevin Ward）担任插画师。这本书讲述了不同时代 20 个探险家的精彩旅程，从 14 世纪的摩洛哥旅行家伊本·巴图塔（Ibn Battuta）到阿波罗 11 号宇航员迈克尔·科林斯（Michael Collins）和长途自行车骑手德尔弗拉·墨菲（Dervla Murphy）。书中有大量的地图、图表和漫画。

内尔·约姆托夫（Nel Yomtov）的《通往自由的隧道》（*Tunneling to Freedom*），由亚历山德罗·瓦尔德里吉（Alessandro Valdrighi）担任插画师。这本书详细描述了战俘们从纳粹拉夫特 3 号战俘营越狱的过程，这个战俘营因为电影《大逃亡》（*The Great Escape*）而广为人知。

玛丽（Mary）和布莱恩·塔尔博特（Bryan Talbot）共同创作的《莎莉·希思科特：妇女参政权论者》（*Sally Heathcote, Suffragette*），由凯特·查尔斯沃思（Kate Charlesworth）担任插画师。这本书讲述了一个为争取投票权而斗争的女仆的经历，并且最终落脚在她的孙女身上，给出了一个生动的结局。

阿里·福尔曼（Ari Folman）的《安妮日记（漫画版）》以图画书的形式生动再现，里面还直接引用了大量《安妮日记》的原文。

大卫·罗伯兹（David Roberts）的《妇女参政权论者：争取平等之战》（*Suffragette: The Battle for Equality*）同样是一本插画书，它对妇女选举权运动展开了精彩的介绍，并获得2019年英国图书馆与资讯专业学会凯特·格林纳威奖章。

与孩子一起读诗

诗歌是一种独立的体裁，可以说它介于小说和非小说之间，但是无论你怎么分类，都别遗漏了它。孩子对诗歌有着天然的热爱。最近的销售数据显示，诗歌作品的销售额同比大幅增长。部分原因正是青少年由衷的喜爱。他们将诗歌当作理解周围世界的一种途径和方式，同时也通过诗歌来表达自己的希望和关怀。诗歌让孩子们可以用简洁的形式直接表达他们的想法，甚至不需要搭好完整的“开始、中间和结束”结构。

诗歌是为所有年轻人准备的，它并不是一种具有排他性的艺术形式。事实上，根据实施“年轻的城市诗人”项目的英国读写素养基金会的相关研究可以发现，与那些更富裕的同龄人相比，吃免费校餐的孩子更倾向于在校外阅读和创作自己的诗歌。

德博拉·阿尔玛（Deborah Alma）认为，“在培养孩子们对书籍和阅读的热爱这件事上，分享诗歌是一个很好的方式。”她作为“急救车诗人”，在20世纪70年代的救护车上提供世界上第一个移动诗歌服务。现在，她在什罗普郡开了一家实体店，跟学生以及公众有大量合作。她说：

> 在早期，绝大多数广受欢迎的图画书都是诗歌。有时我们买书的时候，甚至可能都没注意到这是一本诗集。真正大热的作品《我们要去捉狗熊》[①]（*We're Going on a Bear Hunt*）里反复出现朗朗上口的叠句就是一个很好的例子。孩子们能感觉到其中那种有规律的节奏——我们要去捉狗熊，要捉一只大狗熊。我们一点儿也不怕！
>
> 诗歌与音乐和歌曲有太多共通点了。孩子们很容易就被带进去，会预测接下来会发生什么，感觉到自己正参与其中。而且他们往往心思敏捷，觉得这些词句就是属于他们的，可以把它表演出来，也可以随时

① 又译作《我们去猎熊咯》或《我们要去追狗熊》。此书作者是迈克尔·罗森（Michael Rosen），插画师是海伦·奥森柏莉（Helen Oxenbury）。

感受到词句里的音乐性。

让你的孩子爱上读诗的最好方式是循序渐进，从摇篮曲、童谣，到与父母一起读、一起表演的图画书，再到以他们生活中的日常事物创作的歌曲和韵律。相对而言，在小学阶段鼓励孩子们读诗相对容易一点，毕竟他们喜欢诗歌里的音乐性、包容性和趣味性。

鼓励孩子们在家里和学校以外的地方分享诗歌书籍要困难得多。作为成年人，很少有人会经常阅读诗歌；而对我来说，让孩子读到适合的诗歌真的很重要。诗歌和小说一样，种类庞杂。让一个喜欢关于马的故事的人去读反乌托邦的未来小说或许并不合适，也没有必要。诗歌也是如此。所以，这就需要家长或老师尽心尽力地挑选。诗歌教学也是很重要的一个环节，鼓励孩子们创作是帮他们懂得诗歌和爱上诗歌的最好方式。市面上有一些优秀的诗歌选集，但也仍然有很多老旧和过时的作品，对孩子们应该读什么则有着非常“成年人”的看法。

德博拉认为，在中学阶段读诗会遇到另一个挑战。她说，为了满足课程要求，学生读诗的方式是把一篇古体诗的文本强行拆开。“可能会产生令人非常不快的效果，”她觉得，“如果可以对课程稍微做一点调整，或许能让课堂多一点现代元素，比如让诗人和诗歌表演者通过网络的方式联系起来。加入这些更有创造性的内容也许能达到更好的效果。但其实年轻人已经在通过Instagram（照片墙）一类的移动客户端上的社交应用，以及观看 YouTube 上表演诗人的视频等途径寻找属于自己的了解、学习诗歌的方法了。”

你可以：

跟孩子们一起读诗和分享诗。在我十几岁的时候，父亲总会在早上拉开我卧室的窗帘并叫醒我，从海亚姆（Khayyám）的《鲁拜集》（*The Rubáiyát*）开始大声朗诵：“醒来啊！突破夜幕的晨光已飞掷巨石，让流星开始飞翔。”老实说，我从来没有真正读过这首诗，但那几个月翻来覆去听他念了之后，哪怕过去了三十多年，我仍然记得一清二楚，而且还能引用前两行。

创造一个有诗歌的环境。把一首诗打印出来，贴在冰箱上，或者跟别人一起记记背背。

找些跟你童年生活中某些经历相符的诗。

不要指望孩子们会老老实实坐在那里把一本诗集从头到尾读完，一次读一首比较好；你可以把诗集放在浴室、茶几或厨房，他们没事就会随便翻翻。

诗选也是一个不错的选择，它能让你的孩子有机会接触各种各样的风格和声音，再从中挑选出自己最喜欢的诗人来深入了解。其中最受我家孩子们欢迎的是谢默斯·希尼（Seamus Heaney）和特德·休斯（Ted Hughes）合编的《摇铃袋子》（*The Rattle Bag*），我的孩子们还特别喜欢加比·摩根（Gaby Morgan）编的《读读我，笑一笑：每天一首有趣的诗》（*Read Me and Laugh: A Funny Poem for Every Day of the Year*）。而我小时候喜欢莱拉·伯格（Leila Berg）编的《四只脚，两只脚》（*Four Feet and Two*），里面都是关于动物和自然的诗。遗憾的是，这本书现在已经绝版，得去二手市场碰碰运气。别被凯特·克兰奇（Kate Clanchy）编的《英格兰诗选：来自学校的诗》（*England: Poems from a School*）这个书名劝退。凯特是牛津尖塔学院的常驻作家，她与来自世界各地的学生一起创作并出版了许多优秀诗歌。凯特还在Twitter上发布了他们的作品范例。

霍莉·麦克尼什：学会爱上诗歌

霍莉·麦克尼什（Hollie McNish）是从剑桥和格拉斯哥之间走出来的诗人。她已出版了三本诗歌集——《论文》（*Papers*）、《樱桃派》（*Cherry Pie*）和《梅》（*Plum*），以及一本诗歌回忆录《没人告诉我》（*Nobody Told Me*），这部作品为她捧回了特德·休斯奖。她喜欢写诗。

我在26岁的时候曾花钱参加自己的诗歌表演。那天，我走到会场门口，那里的工作人员说“5英镑”，我羞于跟他说其实我是今晚的表演者，所以立刻付了5英镑，便慌慌张张地跑进去了。

之所以突然提起这件事，是因为哪怕已经从事与诗歌相关的工作将近三年了，我仍会对诗歌“产生”的地方产生恐惧之心。我总觉得那应该是某种我不该在的私人俱乐部。你得对所有的暗号烂熟于心，才能知道那里究竟在发生些什么。

我不知道这个想法是从哪里来的，但对我来说，它大概出现在我 11 岁的时候。在此之前，我一直觉得诗歌跟其他任何类型的作品一样，没有区别。它跟睡前故事相比也没差多少，而且它曾经就是我的睡前故事。

我已经不记得小时候最喜欢的诗人是谁了，但我记得自己最喜欢的诗歌。《帮帮我吧，巴特勒女士》（*Please Mrs Butler*）是我心里的第一名，然后是科林·麦克诺顿（Colin McNaughton）的《当贝蒂吃意大利面》（*When Betty Eats Spaghetti*）和《妈妈，我今天不想上学》（*I Don't Want to Go into School Today Mum*）。

我记得这些诗歌跟其他诗一样被编进书里，它们都很有趣。《帮帮我吧，巴特勒女士》是一本袖珍书，它装在一个小盒子里，里面还有四本小小的诗集。我喜欢读它们，我的泰迪熊和芭比娃娃也可以跟我一起读。其他的诗歌都在一本有好多彩色插图的诗选里。

这些就是我曾经拥有的全部诗集，不过已经足够了。我会把它们翻来覆去读上好多遍。虽然并不是所有诗歌我都喜欢，但让我喜欢的诗歌也不少了。我喜欢诗歌，这一点我并不害怕承认。

但随着年龄的增长，我好像突然就停止读诗了。大概是在11—20岁间，我发现能让自己产生共鸣的诗歌少得可怜。诗歌变得不是太愚蠢幼稚，就是太模糊隐晦。

在学校的读诗课上，我们摘取一些诗歌来分析，就像进行某种医疗程序一样。我不知道这样是否还能算是诗歌欣赏。与对电影、电视节目、小说和短篇故事的感受不同，我开始对“自己对诗歌品头论足”这件事感到害怕。如果我不喜欢一首诗，我会认定是因为我太笨了，理解不了它。

奇怪的是，虽然觉得自己“被逐出了诗歌之门”，但我仍然一直在创作。从我的童年晚期到青少年时期（到如今仍然是），我都在写诗歌日记，但我并不认为这么做就等于热爱诗歌。就像我会把喜欢的歌词打印出来，与读小说一样读它们，但这并不意味热爱。

从什么时候开始觉得诗歌没那么吓人了？好像也没有一个什么固定的时刻。我想可能是练习多了自然就放松了吧。我生平第一次去了开放麦[①]，观察人们是怎样把诗歌读给其他人听的。去的次数越多我就越意识到，诗人并

① 脱口秀的一种形式。

不都是戴着贝雷帽（诗人可能大都喜欢戴，但并不是所有戴着帽子的人都能被叫作诗人）、只穿黑色 polo 衫、对那些不了解玛雅·安吉洛（Maya Angelou）或泰德·休斯（Ted Hughes）全部作品的人就放肆嘲弄的人。同样，“表演诗人”也不都是只喜欢在舞台上凭空秀演技、对文字内容却一无所知的人，他们大多数也是喜欢读诗、写诗的人。他们所写所读的诗歌各有不同，就像人们喜欢听的歌、喜欢看的画也各有不同一样。

如今，我仍然会收到不少邮件，人们向我倾诉他们对我正在参与的这种诗歌阅读活动是如何心存惶恐的，因为他们不算真正的“诗人”，或者他们不懂诗歌的“规矩”。但如果一个人真的喜欢诗歌活动，他们通常说的则是“我对诗歌一无所知，但是……”，就像我不知道如何跳快步舞，但我仍然每周都追《舞动奇迹》（*Strictly Come Dancing*）一样。

我想我之所以说这些，是为了向人们，包括父母和监护人在内的、对诗歌这种艺术形式心存担忧的人发出呼吁。因为我意识到自己可以依照本心去喜欢一些诗歌，同时对自己不感兴趣的那些东西也不用假装喜爱，这并没有让我变得愚蠢。我意识到诗歌演出也没比喜剧之夜可怕多少。我意识到，随着我读得越多、看得越多和学得越多，我对诗歌和诗人的喜好发生改变也是可以的。在书上读诗跟在 Instagram 上读诗一样，在剧院看诗和在 Youtube 上看诗本质上并无多大的区别，我终于可以再次享受诗歌了。

我应该不会再害羞到花钱去参加自己的演出了。

第四章

亲子互动，让孩子爱上阅读

孩子们不会把全部的时间都花在阅读上，但在书本之外，任何跟书本和阅读挂钩的东西都能用来培养阅读兴趣，而与文学相关的物件可以说是数不胜数。例如，有些一次性文身是为喜欢安东尼·德·圣–埃克苏佩里（Antoine de Saint-Exupéry）的《小王子》（*The Little Prince*）的孩子而设计的；《霍比特人》中比尔博前门的同款浴帘，大量有意思的书柜和书架，书籍图案的壁纸和纳尼亚风格的蜡烛。

另外，还有各种以作品为背景的王牌游戏，包括《很久很久以前……》（*Once Upon A Time...*），这是根据著名童话故事中的人物改编的，还设置了勇敢、邪恶、时尚感等属性。大一点的孩子可能会喜欢《作者游戏》（*The Writers Games*）的游戏包（一共有两个，一个是现代作者，另一个是历史上的作者）。在这两个游戏包中，著名作家作为游戏角色，在商业成功、所获评论家赞誉、传记因素和作品产出方面相互比拼。除了这些以外，从莎士比亚的戏剧到希腊神话，还有许多王牌游戏都是基于此而诞生的。

对儿童玩家的非小说类作品卡片智力测试游戏同样可以多留心关注一下。比如，《历史英雄》（*History Heroes*）

测试儿童对毕加索、图坦卡蒙、圣女贞德等名人的了解。如果你只是想玩简单的纸牌游戏，《爱丽丝梦游仙境纸牌包》（*Macmillan Alice Pack of Cards*）会是一个非常有吸引力的选择，它有约翰·坦尼尔（John Tenniel）创作的原始插图。当然，“哈利·波特”系列的游戏数量更是多到难以想象。

有一种不同类型的纸牌游戏是基于维多利亚时代万景图的概念设计的：一系列有插图的纸牌可以通过排列组合形成不同的故事。“鬼故事盒子”是面向3—5岁儿童的游戏，其中有20个可用作创造童话故事的部件；“空心木”也是类似的思路，但目标受众是年龄稍大一点的儿童。对大孩子们来说，艺术家江杉创作插图的《影子世界》（*The Shadow World*）更像是一个有大量蒸汽朋克①场景的游戏。当然，也有基于骰子的万景图版本，孩子们掷出骰子（上面贴的是各种图像），然后根据掷出的结果来编故事。这些都能帮你们一起创作故事，也能让父母在讲睡前故事的时候有更多的灵感。

很多游戏都涉及文字游戏。冰箱贴单词和字母在我们家一直很流行，在孩子们的学生时代过去之后仍经久不

① 由蒸汽（steam）和朋克（punk）组成，蒸汽代表大型机械，朋克则是一种非主流的边缘文化。

衰。现在这类游戏有各种形式，包括专门用于俳句、月亮和刺猬的形式，以及不同语言的版本。另一种同样有趣的游戏是彩色卡片诗，在各种颜色和提示的基础上，玩家可以自己创作诗歌。还有一款有助于激发灵感、创作故事的游戏叫作“神奇的故事生成器”，这是一本带提示的翻页书，为读者提供各种随机组合，读者需要根据书给出的提示来创作自己的独特故事。

拼图游戏其实也很不错，包括牛津博德利图书馆的“狂欢拼图”（High Jinks）。它以附有19世纪儿童书籍——尤其是那些目标受众为女孩的书——的插画封面为特色。而基于艺术家简·芒特（Jane Mount）“藏书家系列”的理想书架（Ideal Bookshelf）拼图中有“我反复阅读的书”“如果房子起火了我会抢救的书”等主题。

如果你的儿子或女儿对手工制作很感兴趣，那么《我的迷你图书馆》（*My Miniature Library*）里面包含了制作30本小书（通过剪切、折叠和胶水来制作完成）以及一个书架所需的一切：有些已经印刷好了，其他则是空白的，你的孩子能自己去印。而佐伊·托夫特（Zoe Toft）在她关于儿童书籍的博客上讲述的用“世界图书之夜”的书给自己搭建临时书屋的经历或许能吸引更多读者。

为孩子读一点英雄故事

让孩子看到周围朋友和家人都在读书有助于培养他们的阅读习惯，而以名人为榜样同样能帮助孩子培养积极的阅读态度。在过去的十年里，英国读写素养基金会与英格兰足球超级联赛（简称“英超联赛”）及其足球运动员一起合作并且取得了相当不错的成绩。“英超阅读之星”是一个以学校为基础开展的项目，由来自英国主要俱乐部的顶级足球运动员选出他们最喜欢的书籍，并推荐给孩子们，旨在提高儿童识字水平。它和“英超写作之星”项目属于同一类型。其中诗歌比赛的裁判有里奥·费迪南德（Rio Ferdinand）、奥利·莫尔斯（Olly Murs）、罗伦·乔尔德（Lauren Child）和约瑟夫·科埃略（Joseph Coelho），吸引了 25000 多名参赛者。大约 2/3 参加“英超阅读之星”的儿童觉得，看到英超足球运动员在读书和聊书，让他们也想读更多的书。一半以上的人最后确实会付诸行动——去了图书馆。

除了单纯倡导阅读，一些受儿童欢迎的名人还会为他们写书——有些还是系列作品。运动界的例子还有自行车手克里斯·霍伊（Chris Hoy）的《飞行弗格森》（*Flying Fergus*），弗兰克·兰帕德（Frank Lampard）的《弗兰克的魔法足球》（*Frankie's Magic Football*）和西奥·沃尔科特（Theo Walcott）的“T. J. 系列”，田径场上有杰西卡·恩尼斯-希尔（Jessica Ennis-Hill）的《伊维的魔法手镯》（*Evie's Magic Bracelet*），舞蹈界有达茜·巴塞尔（Darcey Bussell）的《魔术芭蕾舞演员》（*Magic Ballerina*），英国广播公司的主播格雷格·詹姆斯（Greg James）和新闻广播员克里斯·史密斯（Chris Smith）的《麻瓜小子》（*The Kid Normal*），以及史蒂夫·贝克肖（Steve Backshall）的《猎鹰编年史》（*The Falcon Chronicles*），对喜欢他的冒险类电视节目的人来说，他的著作也极具吸引力。

将孩子的兴趣与书籍联系起来

像前文提到的，让你的儿子或女儿对非小说类作品产生兴趣的方法之一，是推荐与他们的爱好相关的书籍。如果他们特别喜欢电影《雷神》（*Thor*），那么他们对尼尔·盖曼（Neil Gaiman）的《微笑男孩和冰霜巨人》（*Odd and the Frost Giants*）应该也能接受。这是一本基于挪威神话和维京人故事的书，并且包含电影《雷神》里的所有主要角色。对大一点的孩子来说，盖曼的《北欧众神》（*Norse Mythology*）也是一部优秀的读物。也可以试试《沉睡的军队》（*The Sleeping Army*），它与“淘气包亨利（*Horrid Henry*）系列”是同一位作者——弗朗西斯卡·西蒙（Francesca Simon）。

同样的道理，特别喜欢《堡垒之夜》（*Fortnite*）一类电子游戏的孩子可能会被威廉·萨克利夫（William Sutcliffe）的《我们能看到一切》（*We See Everything*）吸引。这是一部反乌托邦惊悚类作品，讲述的是一个未来感十足但仍能让人依稀辨认出形状的伦敦，在这个每时每刻都被无人机监控的城市里，主角中的一员凭借令人惊讶的游戏能力获得了一份理想工作。随着故事的展开，很多关于家庭、爱情和道德的问题也浮出水面。而对更喜欢编码而不是游戏的人来说，悉尼·帕多瓦（Sydney Padua）的《拉芙莱斯和巴贝奇惊心动魄的冒险：第一台电脑的（绝大部分）真实故事》[*The Thrilling Adventures of Lovelace and Babbage: The (Mostly) True Story of the First Computer*] 是一部巧妙又有趣的蒸汽朋克图画小说。它呈现了第一批电脑程序员阿达·洛芙莱斯（Ada Lovelace）[①] 和查尔斯·巴贝奇（Charles Babbage）的生活，并且反复描绘了如果他们的计划实现会发生什么（他们打击犯罪，钻研数学，还和邪恶势力作斗争）。

运动也是一个充满可能性和选择性的题材。对那些对网球感兴趣的人来说，霍华德·布莱恩特（Howard Bryant）的《姐妹和冠军：大小威廉姆斯的真实故事》（*Sisters and Champions: The True Story of Venus and Serena*

① 诗人拜伦的女儿。

Williams）生动传神地介绍了这对姐妹花，同时，书中还表达出，无论童年的生活环境如何，都要勇敢追逐自己的梦想。而对游泳运动员来说，查理·霍华德（Charli Howard）的《飞溅》（*Splash*）则描写了一个渴望征战奥运会的泳坛女孩的经历。除了体育元素，这本书还探讨了其他问题，包括难解的友情和家庭关系，以及自己的身体形象等。

喜欢演奏音乐的孩子们可能会喜欢卡罗尔·波斯顿·韦瑟福德（Carole Boston Weatherford）的《在约翰成为爵士乐巨人之前：约翰·科尔特兰之歌》（*Before John was a Jazz Giant: A Song of John Coltrane*），书里配有肖恩·奎尔斯（Sean Qualls）的插图。它讲述了这位萨克斯手的童年故事，以及他小时候听到的声音对他的演奏和作曲生涯产生的影响。乔安妮·刘（Joanne Liu）的《我的博物馆》（*My Museum*）也采取了类似的手法，不过这是一个“无声的故事”——一个小孩参观了一家美术馆，他不仅在展品中发现了艺术，还从其他参观者的文身上看到了阳光的图案，他发现艺术无处不在。

《小小艺术家：传奇画家小时候的真实故事》（*Kid Artists: True Tales of Childhood from Creative Legends*）同样聚焦于孩子。该书由戴维·斯特布勒（David Stabler）撰

写，杜奇·霍纳（Doogie Horner）担任插图画家。书中对文森特·凡·高（Vincent van Gogh）、乔治亚·奥基夫[①]（Georgia O'Keeffe）和比阿特丽克丝·波特等众多艺术家的早期生涯都进行了详细的描述，也没有回避杰森·布拉克（Jackson Pollock）等艺术家所面临的难题——布拉克生活颠沛流离，在一次事故中，他失去了食指的一部分。它的姊妹篇《儿童读物作家》（*Kid Authors*）保持了与之一致的风格，书中谈到的作者有J. K. 罗琳和J. R. R. 托尔金。此外，对既喜欢艺术又喜欢动物的儿童来说，合适的读物之一是《弗里达·卡罗和她的动物们》（*Frida Kahlo and her Animalitos*），由莫尼卡·布朗（Monica Brown）撰写，约翰·帕拉（John Parra）配插画。该书着墨于描绘各种各样的动物（猴子、鸟、狗和猫），正是它们激发了弗里达·卡罗这位墨西哥艺术家的灵感，让她创作出丰富多彩的作品。

① 又译作乔治亚·欧姬芙。

为孩子建立一个读书小组

《解构企鹅：父母、孩子和阅读的纽带》（*Deconstructing Penguins: Parents, Kids, and the Bond of Reading*）是一本关于如何让一个图书小组顺利运转的书。在这本书里，作者劳伦斯（Lawrence）和南希·戈德斯通（Nancy Goldstone）夫妇深入探讨了书籍的选择问题。他们坚持认为，不能觉得孩子只要在读书就行了，孩子阅读的内容也很重要。要鼓励孩子读具有挑战性、文笔优美、情节精巧且人物魅力十足的书。他们用食物打了个比方：你的孩子应该吃些健康的食物，而不是垃圾食品。无论你对他们的观点持何种意见，但有一说一，这本书对任何想为孩子建立一个读书小组的人来说都是一本极好的书，其中有很多他们多年积累的第一手经验和真实的细节。

与成年人读书小组一样，如果能建立起某种组织体系并能大致确定小组成员接下来的行为，那么儿童读书小组的运作还是能对阅读有所帮助的。关键在于别太死板，要让孩子们来引导事情的走向。你可能会想先列好一份书单再按部就班地读，如果采取这种方式，那就一定要跟上时代潮流，了解最新的东西。同时，向周围的人寻求意见也很重要。不过，孩子们可能会往你的书单里添加一些其他的选择。如果你们小组需要很多本同一种书的话，可以去图书馆找一找。

也有一些小组以一本接一本的方式来读书，每次开会前确定一到两部作品。有的小组以主题为导向来找书读。还有的小组只挑选获奖作品来读、按作者来读或者找大家喜欢却还没来得及读的书来读。问问孩子们是怎么想的，并在他们参与的时候就其兴趣提出建议——可能的话，温柔地将他们带出舒适圈，这是很有必要的，也是很有好处的。

此外，小说类和非小说类作品混在一起读也是一个好主意，这样可以避免组内成员出现读腻或觉得无聊的情况。当然，也不要忘了图画书，尤其是图画小说和诗歌。小组活动并不是只有读书一个选项，画画、写作或者其他跟书有关的活动都可以经常开展。再啰唆一次：

也可以认真想想要不要将大声朗读和表演书本内容纳入小组活动中来。

记得不要把小组环境搞得太像在学校上课。仔细安排座位，让孩子们越舒服、越随意越好，如果有懒人沙发就再好不过了。准备些零食和饮料能让人保持一个好状态，也能让整个体验变得更有趣。免费物品，如书签等的供给也不能忽略。就参与人数而言，10 人左右是比较合适的。最好保证孩子们年纪相仿、阅读经历相似。一个月组织一次读书活动比较合适，这既不会太过频繁，让孩子们“玩野了”，也足够有规律，以免他们失去兴趣。

想办法联系你正在读的书的作者也是一件值得尝试的事，即使只是告诉对方孩子们有多么喜欢他的作品也行。绝大多数作者都很愿意回复 Twitter 或 Instagram 上的正面评论。一旦真的跟作者产生了互动，孩子们就会开心很久。

那么，究竟怎么组织这种活动呢？保留一些发挥空间的效果会比较好。除了对某部作品组织常规的讨论外，你还可以试着组织“只读作品的开头结尾”活动，也可以尝试快速阅读：在限定时间内读六七本自己以前没看过的书，然后选出自己最喜欢的作品。

阅读机构运营着“图书絮语”网站[①]，这是英国最大的学校和图书馆儿童阅读小组网站。其官网为家长提供免费资源，其中还包括关于运营读书俱乐部的建议以及推荐书单。除了这个网站之外，也可以多留心由志愿者管理的英国儿童图书联合会的网站[②]，它同样面向家长和儿童。全国各地都有成人团体聚会，聚会上有讨论童书的活动，其中包括演讲活动、为儿童开设的其他活动，比如讲故事大会和作家见面会等。小学教育读写素养中心还会在学校设立读书小组，并在官方网站上发布读书小组组建及运作的相关实用指南。

① 网址：chatterbooks.org.uk
② 网址：fcbg.org.uk

与孩子一起列书单

记下你和你的孩子读过的所有书，这是个很不错的想法。看着这个书单慢慢变长会让人觉得周身舒畅。同时，在你回顾自己曾经读过的书，或者拿之前读过的书里的人物和情节跟现在读的书里的人物和情节做对比时，它能为你提供不错的谈资。它还能提醒你去读那些你原本想读却忘记读的一些系列作品或者某个作者的其他作品。回顾以前读过的书还能让人享受愉悦感，尤其是在未来几年里，你能知道自己之前于何时何地阅读了什么书。

你的孩子可以在他们读完一本书（或者决定要不要继续读下去）之后简单做一个编号列表，或者留下一些简单的标记，比如，在满分为10分的标准下，为某本书打出自己的评分，或者写几句话的简短评论。拥有这一习惯的孩子长大一点之后也许会对《与鲍勃的一生》（*My Life with Bob*）感兴趣，这本书是《纽约时报书评》（*New York Times Book Review*）的编辑帕梅拉·保罗（Pamela Paul）写的。它是一本关于作者读过的书单的回忆录，书单上列出了她从十七岁起读过的所有书籍，以及书单在她生活中起到的作用，十分有趣。

书单也能给人以启发。当你和你的孩子一起挑书时，你可能意识不到自己买书的“套路”，但如果有一份清单让你能再回头看看，有些之前没有注意到的细节或许就会渐渐浮现出来。举个例子，通过书单你或许会发现已经读了很多小说，该读读诗歌，换换口味了。

此外，拥有一本自己的读书笔记也是一件乐事。孩子们喜欢文具和笔记本，以此因势利导是一个不错的选择。当然，笔记本的形状、样式不是重点，重点是能有一个特殊的、私密的创作空间。除了写在本子上，也可以试着在网上创作，比如在 Goodreads 和 LibraryThing[①] 这些网站上同样可以愉快地创作。

---

① 国外的两个书评社区。

读书与烹饪

将书与其他活动结合起来是提升孩子阅读兴趣的一个好办法。烹饪就特别能引导人从不同的角度去探索一本书。比如，无论是书店柜台上还是网上都有许多关于如何制作“哈利·波特系列”中的黄油啤酒的细节，奥里莉亚·博普米尔（Aurélia Beaupommier）的《巫师食谱》（*The Wizard's Cookbook*）对从《高卢英雄历险记》中的格塔菲克斯魔法药水到《龙与地下城》（*Dungeons and Dragons*）中的隐形药水等一系列物什都有详细的描述。阅读过一些烹饪书籍之后，你会对一些故事拥有更深入的了解。

《姆明烹饪书》（*Moomins Cookbook*）是根据托夫·杨森（Tove Jansson）喜爱的角色姆明改编而来的，副标题是“芬兰烹饪入门”，书中配有适当的摘录和插图以介绍主人公准备和享用食物的过程。埃米·科特勒（Amy Cotler）的《秘密花园烹饪书》（*The Secret Garden Cookbook*）不仅以食谱为特色，还以1910年出版的弗朗西丝·霍奇森·伯内特（Frances Hodgson Burnett）的经典故事为灵感，聚焦于那个时期的食物，书中提及典型菜品呈现于不同阶级的餐桌上时发生了怎样的变化和地区烹饪特色，以及主角玛丽在印度吃到的菜肴。

凯特·杨（Kate Young）的《小图书馆食谱》（*The Little Library Cookbook*）是一本很好的食谱汇编书，其中包括如何自制绿色鸡蛋和火腿，以及为那些喜欢阿斯特丽德·林格伦（Astrid Lindgren）的《长袜子皮皮》（*Pippi Longstocking*）故事的人准备的吞拿松饼或瑞典煎饼的教程。一些食谱也可以在杨的网站“小图书馆咖啡馆”[①]上找到。除了上述这些，还有“大英烤焗大赛”冠军得主纳迪亚·侯赛因（Nadiya Hussain）创作的《我的烘焙小故事》（*Bake Me a Story*）。这本书不仅将故事和食谱巧妙地结合在了一起，还包含了作者自己的圣诞主题作品，值得一读。

在伊妮德·布莱顿的“疯狂侦探团系列”中，朱利

① 网址：thelittlelibrarycafe.com

安、迪克、安妮、乔治和蒂米都很享受食物，他们很喜欢经常性的快乐野餐。对孩子们来说，如果读到合适的书，他们很容易受到书中内容的引导——这意味着他们会看到莴苣、垃圾食品、沙丁鱼和蘸醋的黄瓜。《密道窃案》（*Five on a Secret Trail*）中的火腿，《科林岛上的秘密实验》（*Five on Kirrin Island Again*）中的罐装肉，都可能引起孩子们的兴趣。这两本专业烹饪书再现了五人小队的野餐场景及其他食物。乔希·萨顿（Josh Sutton）的《五人去赴宴：乔希·萨顿的著名美食食谱》（*Five Go Feasting: Famously Good Recipes*）和阿莱格拉·麦克埃维迪（Allegra McEvedy）的《快乐美食》（*Jolly Good Food*），以及布莱顿的《魔法树上的居民》（*The Folk of the Faraway Tree*）和“马洛里之塔（*Malory Towers*）系列”，都是广受欢迎的作品。另外，要确保自己读的是修订过的最新版本，以避免它们有未修订的内容和错误表述。

大一点的孩子如果读过杰洛德·杜瑞尔（Gerald Durrell）的《我的家人和其他动物》（*My Family and Other Animals*）[①]，或许也会喜欢大卫·辛威尔（David Shimwell）的《与德雷尔家族共进晚餐》（*Dining with the Durrells*）。这本书介绍了杰拉尔德的母亲路易莎在泽西动物园的德雷

① 一本关于作者早期在科孚岛生活的书。

尔档案馆的食谱，里面不仅有蛋糕和烤饼，还有咖喱鸡和炖鱼，书中还选择性地呈现了很多体现母亲路易莎的印度文化背景的有趣故事。

让孩子爱上阅读的几个小技巧

如果可以的话，多给孩子们一点零花钱，但必须跟孩子强调，有一部分是“购书专用资金”。

如果有空间，可以在家里的某个地方创造一个舒适的“读书小窝”。比如，在孩子的卧室里打造一个特殊的地方，让他们可以带着一本好书在那里“窝”起来读上一会儿。

在过去的几年里，一个以书为主题的时尚产业逐渐发展壮大起来，所以你也需要留意有关孩子们最喜欢的角色的周边产品——T恤、帽衫、耳环、帽子和其他配饰——可以买来作为生日礼物和圣诞礼物送给他们。说实话，这些礼物送给成年人也没什么拿不出手的。每次穿《好脏的哈利》（*Harry the Dirty Dog*）和《迈克马力甘和他的蒸汽挖土机》（*Mike Mulligan and his Steam Shovel*）的周边T恤，我心里都得意得不行。还有，我的《丁丁历险记》周边T恤多到数不过来。

你还可以考虑建议孩子自己动笔创作，让他们写一写关于他们最喜欢的角色，并加入自己的想象。著名作家梅格·卡伯特（Meg Cabot）就有创作这类作品的经历，她在十几岁的时候就写了以《星球大战》为主题的粉丝小说。网上有众多同人小说网站，不过这些网站需要仔细研究，因为其中有些内容或许对阅读年龄有限制。

一定要鼓励孩子用母语以外的语言阅读，不管你的家庭是否有双语环境。我记得以前在学校时喜欢读拉丁文的《小熊维尼》（*Winnie-the-Pooh*）和法文的《高卢英雄历险记》，现在我也喜欢给孩子读西班牙文的《米菲》（*Miffy*）。

特蕾西·古德伊尔：在学校里怎样阅读

特蕾西·古德伊尔（Tracy Goodyear）是伯明翰国王爱德华六世汉兹沃斯女子学校的英语系主任，也是皇家教师学院的创始成员。

在当了十多年的中学英语老师之后，我积累了一些阅读的基本技巧，将它们结合运用能帮助年轻人逐渐适应并学会如何面对21世纪的生活挑战。根据我的经验，阅读是引导和支持年轻人顺利地走向成年的一种重要方式。

如果你参加过家长会，那你一定听老师说过要让小孩多看书。这是一句被老师们常挂在嘴边（甚至可以说被讲烂了）的“格言”。在全球范围内进行的众多研究表明，这个建议是有依据的。因为阅读是一件很有趣的事情。谁不喜欢被带到一个不同的世界，体验一下不同的生活呢？

为了对“支持孩子学术研究的相关阅读”的行为表示支持，你可以从校方那里拿到他们的阅读清单，或者在校园网上查看孩子的课程计划，了解他们要研究怎样的主题，然后使用类似书评网站这样的工具来寻找包含类似主题的书籍。如果有一个参照物，孩子们可能就更容易理解新知识。随着孩子年龄的增长，他们会为了考试而学习固定的课本知识；对你来说，为什么不自己也把这些课本读一遍呢？你甚至可以向学校借一本来读读看（记得享受当你提出这种要求时老师惊愕的表情）。当孩子正在经历复杂又困难的备考期时，家长可能会有一种“使不上劲、帮不上忙”的被“孤立”的感觉，尤其是当父母很想给予孩子支持、帮他们渡过难关的时候，这种感觉会尤为明显。而掌握相应的学科知识或课本内容可以帮你解决一些问题，并让你能在他们学习生涯的关键时刻发挥作用。

兴趣是关键，请你对孩子正在学习或阅读的东西表现出好奇心。

你不需要成为全能的专家，也不需要知道所有问题的答案，只要对它们感兴趣就行。这表明你渴望学习新的东西，并且敢于挑战、敢于走出自己的舒适区。当你做到了这些，并且看见这对孩子的心智发展产生了影响时，你一定会惊讶不已。

当你觉得时间合适时，可以围绕孩子正在读的书发起谈话。比如，吃饭时就是聊天的绝佳时机。“你现在在读什么”，这一类的简单问题就能鼓励他们开口谈论自己的阅读经历，成功打开他们的话匣子。

如果是亲子共读，这里有一系列“话术”可供参考，你可以用其帮助孩子加深对阅读内容的理解和思考。记住，是与孩子对话，而不是让孩子听你说话。与其给自己施加压力逼自己构思谈话的全部细节，不如使用开放性问题营造一个对话环境：

你认为××（此处是角色的名字）为什么要那样做？

你注意到这里发生的事了吗？你能告诉我发生了什么事吗？

如果可以问角色/作者一个问题，你会问什么？你想知道的是什么？

这里让你产生了什么样的想法/感受？

你认为接下来会发生什么？

书中有没有什么内容让你想起发生在自己身上

的事？

你为角色感到遗憾吗？你为他们感到高兴吗？

你能体会角色的感受吗？

在这一段里有没看懂的词吗？我们来猜一猜它们可能是什么意思吧？

你在其他地方读过或遇到过类似的事吗？是在什么时候？

一个有用的表达方式是问你的孩子“你为什么会这么说”。这个问题会促使你的孩子想办法证明自己的想法并为其提供证据，而这些步骤反过来又进一步增强了他们对内容的理解。

你阅读的一些内容可能会引发有趣的道德辩论，你可以把它们作为谈资与家庭成员一起探讨。这些可以用一个简单的可视思维程序来呈现。可视思维程序是基于罗恩·理查德（Ron Ritchhart）和哈佛大学的“零”项目研究开发出来的，在各国学校中用于辅助学生思维方式的养成，而不仅仅是阅读。如果组织一场辩论，要明确每次只能有一个人发言，并且接下来发言的人必须对上一个观点给出回应。例如：

我同意妈妈的观点/爸爸的观点，因为我认为……

我将在××所说的基础上做出补充，因为我认为……

我想对××关于……的观点提出质疑……

每次发言时都应尽量注意措辞。在这样的训练之下，很快就能培养出一些年轻辩手。他们目标明确，能针对对方观点条理清晰地给出自己的意见。将阅读材料转化为辩论内容，有助于孩子在阅读的文本之外看到与故事或主题相关的东西，这也能让他们的阅读更具针对性和时效性。

第五章

读什么样的书

实体书能加深人与人之间的联系，让人们的关系更亲密。父母和孩子都喜欢一起触摸和翻开纸质书的书页。当有不止一个孩子时，父母会发现把书传递着读下去是一个好选择。更大开本的书和大量的插图能提升分享阅读的效果，对年龄更小的孩子来说效果尤为明显。

没收电子物品、试图强迫孩子读那些被你硬塞到他们面前的书，都是绝对不正确的做法。千万不要将阅读和惩罚联系在一起。

图画书

如果你需要一个例子来证明为什么图画书是快乐阅读的理想入门之选，你只要观察孩子是如何自己读图画书的就足够了。看看他们对此是多么地着迷：他们如何拿着书前翻翻、后翻翻，如何认真地研究上面的画，以及为什么刚读完就迫不及待地又从头看起。孩子越早明白“阅读是有趣的”这个道理，就越可能在长大后继续保持阅读的习惯。

图画书在儿童文学中扮演了一个很重要的角色，因为图画书是让人往文字书“进阶”的重要基石。图画书还能帮助刚入门的读者学习阅读一本书的基本技巧，让他们了解叙事结构，教他们读懂字里行间的意思，并通过获得仅出现在图片里、并无文字描述的补充材料来理解剧情，以及与角色产生共鸣。前英国儿童文学桂冠作家、诗人迈克尔·罗森认为，这不仅仅是简单的推理："它是解释、认知、逻辑、象征主义，是头脑中同时出现几个想法，是通过类比产生抽象思维的萌芽。"

图画书能让孩子们以作家和插画师的视角看世界，事实上，图画书能让他们走进作者的世界。小学教育读写素养中心的"图片的力量"项目旨在关注小学适龄儿童视觉认知能力的发展，鼓励人们重视图画书和带图文本在发展儿童各阶段的理解力和批判性阅读技能方面的关键作用，同时也呼吁人们把插图作为发展认知能力和交流思想的工具。"图片的力量"网站[①]发布了可供小学各年级儿童使用的图画书推荐，并通过一系列视频向儿童介绍作者和插画家的角色和作用。在视频中，作者 / 插画家还会朗读他们的图画书，分享他们为角色配图的经历，介绍他们自己以及创作图画书内容的过程。

视觉素养也是一项重要并且容易被忽视的技能，但它与阅读章节书和诗歌的过程是类似的。它对不愿意阅读或不擅长阅读的读者来说特别有用，画面可以帮助小读者分析故事。毕竟，积累词汇并不是阅读的唯一目的。

最重要的是，图画书让阅读变得有趣。孩子们喜欢艺术，而图画吸引着他们，同时也传达着意义。图画书的好

① 网址：clpe.org.uk/powerofpictures

处之一，是它们涵盖了许多主题，歌颂了友谊、自我表达和勇敢等，这些都是使积极的道德观念和行为得以发展的重要因素。孩子们很容易对一只不快乐的小熊产生共情。图画书无疑是引导孩子们讨论一些微妙话题的好选择，比如对霸凌、新兄弟姐妹的出现、离婚或老年痴呆症等话题的讨论。书中的图画可以让那些潜在的、令人不安的问题显得不那么吓人，更容易让人接受。当然，就算是一本没有字的图画书，你也照样可以大声读出来，因为它为你和孩子们提供了一个可以即兴发挥的机会。对你和孩子来说，在这里怎么样都不算错。

孩子们会把书翻来覆去地读，对图画书当然也不例外。事实上，作者在创作图画书的时候就把重读这件事纳入考虑范围了，它们通常都有适合大声读的重复的韵律，以此来吸引孩子们，让孩子们乐于猜测下一句话会是什么。在被问到童年时期最喜欢的读物是什么时，大多数成年人都会提到几本图画书，由此可见图画书对人们的影响有多深。当孩子正读得津津有味的时候，不要催他们换书，阅读的每一个阶段都很重要，而我们要注意的是别让孩子们对那些应该为他们带来开心的东西心生厌恶。

漫画

漫画作品通常色彩明亮且鲜艳，故事情节引人入胜，非常有趣。漫画作品本身或许并不太长，但内容简单明快，笑料颇多。我个人也很享受从阁楼上翻出一箱箱保存下来的《威泽与薯片》（*Whizzer and Chips*）、《老虎与焦炭》（*Tiger and Scorcher*）、《花花公子》（*Dandy*）、《比诺》（*The Beano*）等旧刊，加上偶尔翻翻的《比泽》（*Beezer*），我会与孩子一起品味这份怀旧的感觉。

漫画之所以仍然如此受欢迎，其中一个原因就是题材贴近孩子的内心。除了快速推进节奏，这类作品往往还会关注与塑造那些能够让孩子心生好感或者向往的角色。虽然和儿童出版界内的其他类型作品一样，漫画仍然存在很多问题，但这种情况正在逐渐改变。现在有传言称，巴基斯坦裔美国人的角色“惊奇女士”将登上大银幕；此前由作家G.威洛·威尔逊（G. Willow Wilson）、画家阿德里安·阿尔波纳（Adrian Alphona）和画家杰克·怀亚特（Jake Wyatt）创作的“惊奇女士”第一卷已经获得享有盛誉的雨果奖。

像其他类型的读物一样，漫画也可以反复阅读。我以前的书，甚至像《鹰》（*Eagle*）这样的旧书，都明显被读了不止一次。我们在孩子的房间里放了一盒漫画《比诺》，即使它们经常出新内容，偶尔还会有夏季特别刊，之前的内容也仍然会被孩子翻出来认真地一读再读。

遗憾的是，在过去的几十年里，传统漫画的发展已经明显衰弱，像《威泽与薯片》这样的杂志已经被与儿童电视节目、电影或玩具相关的杂志取代，这些杂志通常刊登一些与漫画相关的内容。曾经的《比诺》大概是成年人脑海里最后残留了一点记忆和爱意的作品。但也有一些例外，比如，《神秘博士杂志》（*Doctor Who Magazine*）有一部著名的同名连载漫画，还有一部优秀的新作品《凤凰》（*Phoenix*），它主要以订阅的方式发布原创的、无广告的漫画内容。

漫画最大的好处在于，读者可以快速拿起它进入阅读状态，也可以快速放下它去做别的事。虽然漫画可以成为阅读图画书和大部头作品之间的桥梁，但对何时（如果真的有这么一个时间点的话）“淘汰”漫画阅读因人而异。我记得我的一个孩子在读《巴什街儿童》（*Bash Street Kids*）年刊的同时还读了菲利普·普尔曼（Philip Pullman）的《黑暗物质》（*Dark Materials*）三部曲。对他来说，同时读这两部作品一点也不奇怪。

漫画小说

漫画和漫画小说之间没有非常明确的区分界限，尽管后者肯定不仅仅是延伸的漫画或超级英雄的冒险故事。

如果你对漫画小说能为孩子的阅读带来多大好处心存疑虑，不妨看看精选集，当然也有一些无字的漫画小说，但总的来说，大部分作品还是有相当多的文字内容的。是的，尽管里面有很多的插图和图画，但这些书仍然需要运用传统的阅读技巧才能充分欣赏。此外，随着社交媒体的兴起，图文和视频已经越来越成为我们社会生活中的重要一部分，年轻的读者很容易与它们产生联系并被它们吸引。

当然，你不应该让孩子觉得看漫画小说是一件让人难为情的事，它真的不是。孩子的朋友们不会这么觉得，你也不应该这么想。漫画小说应该被视为“合法”读物，它和其他类型的小说一样“严肃”。你要记得自己想让孩子爱上阅读的初衷。阅读只是达到目的的一种手段，阅读一部漫画小说和阅读一部其他类型的小说一样，都能培养孩子同样的阅读技能。正如尼尔·盖曼在2013年的阅读机构演讲中所说的那样：“‘读它们会培养出文盲’的想法就是扯淡。”

漫画小说的关键是能直接吸引读者。如果你的孩子不喜欢传统书籍，或者他们刚刚开始阅读，那么漫画小说的特点就立刻让它脱颖而出了。漫画小说的封面往往设计得非常好，甚至潜在读者在翻开书之前就能被吸引住。当读者拿起它开始快速浏览时，其中的内容并不会让人觉得读起来累，“这看起来是我可以读完读懂的一本书”。对大一点的孩子来说，漫画小说的吸引力源自其内容看起来很成熟，没那么幼稚，而且可能包含了一些他们感兴趣的题材。虽然图画书和漫画小说都能吸引所有年龄段的读者，但漫画小说往往更能吸引年龄较大的孩子。

文字和图像的结合有助于提高孩子的读书热情，而信息密集的纯文字作品可能会减缓他们的阅读速度，甚至打击他们的阅读信心和积极性。无聊和挫败感往往不会和漫画小说挂钩，毕竟这类书就是要让读者快速阅读。

漫画小说也像“传统”小说一样扣人心弦。它们有许多激动人心的情节，包括埋下悬念，提出道德问题，铺垫角色发展和给出高潮迭起的结尾。此外，漫画小说同样也追求精彩流畅的文笔。唯一的区别是，漫画小说的文字描写旁边有图画作为视觉辅助，使作品能在读者心中留下更深的印象——如果你的孩子喜欢正在读的漫画小说，那么他们可能会翻回去重读，以进一步理解其中的故事。

一定要记住，学习者有不同的类型。视觉学习者能从阅读漫画小说的过程中得到鼓舞，这份鼓舞又将让他们相信自己可以应对“更高等级的挑战”，即文本阅读。当然，文本阅读可能会使他们受到那些长段文字或更详细描述的冲击。在读文字似乎帮不上忙的时候，画面中的信息则能帮助他们了解其中的含义。事实上，有时视觉表达的效果会更好，因为它让读者发挥想象力来思考角色的动机是什么。这里有个给作家的小建议——多考虑“呈现，而不是告知”，漫画小说若能非常完美地做到这一点，就能将读者直接引入故事中。

阅读培养的品质之一是同理心，漫画小说尤其如此。在这类小说中，情感和感觉会以更视觉化的方式清晰地呈现出来。读者在阅读漫画小说时也要去品味文字未写明的内容，因为按照剧情安排，故事被切分成不同的段落，给人留下大量的想象空间。同样，这也是“呈现，而不是告知”元素发挥作用的地方——这在查尔斯·舒尔茨（Charles Schulz）的《花生漫画》（*Peanuts*）或《凯文的幻虎世界》（*Calvin and Hobbes*）一类的连载漫画作品中相当常见。

如果一个孩子觉得读书是一件很有挑战性的事，那么与读其他类型的书可能会获得失败感相比，他们读完一本漫画小说，心中会产生相当大的成就感，这一点不容小觑。把自己的阅读量提升一个档次对各个年龄段的人来说都是一种享受，一个能拿来吹牛的纪录，也能让人产生“阅读不仅是一个可以攻克的目标，它还能让人非常愉悦”的感觉，同时还能培养读者的阅读耐力。

至于能读给孩子听的书，漫画小说也是一个好选择。我喜欢给孩子们读《丁丁历险记》，用手指着正在读的内容，一边阅读一边移动手指。这样让他们有足够的时间来“消化”这些图像，同时又不必放慢讲述的速度。然后，在他们还未完全理解文章内容的时候，他们也能时不时自己翻翻看看；等他们能自己看懂的时候，他们还能再偶尔回去推敲一下较难的词汇。

无论如何，没有必要非得在两种风格的书之间做出选择，多样化是生活的调味品，尤其在阅读这件事上。我记得在读《丁丁历险记》的同时，我还读了露西·M. 波士顿（Lucy M. Boston）的《格林·挪威家的孩子们》（*The Children of Green Knowe*），哪怕成了大人，我仍然会时不时重读他的冒险故事以获得放松，当然也顺便怀念一下旧日时光。我每次都还能在埃尔热创造的复杂宇宙中发现一些之前被我忽略了的东西——说句实话，我回看《丁丁历险记》的次数比回看《格林·挪威家的孩子们》的次数还要多。我在青春期的时候读了这些书的法语版，可以说是快快乐乐地就扩大了自己的词汇量。如果丁丁的旅行走到了终点，我会非常伤心。还有一些系列作品也很不错，比如杰夫·金尼（Jeff Kinney）的《逊咖日记》（*Diary of a Wimpy Kid*）、乔纳森·米尔斯（Jonathan Meres）的《诺姆的世界》（*The World of Norm*），它们都有生动活泼的文字以及大量的插图。

在挑选其他类型书籍时，我们往往会选择那些适龄的传统读物来读。在挑漫画小说时，也是一样的道理。同时，也要尽量使选择的书在性别和种族方面与其他类型的书一样多样化。对稍大些的青年文学小说读者来说，杨谨伦（Gene Luen Yang）的《美生中国人》（*American Born Chinese*）非常受欢迎，这本书探讨了身份和融合的问题。欧因·科弗（Eoin Colfer）和安德鲁·邓金（Andrew Donkin）创作、乔瓦尼·里加诺（Giovanni Rigano）绘制插图的《非法》（*Illegal*）也是一本好书，它讲述了一个孩子从非洲移民到欧洲的故事。也可以看看黑暗反乌托邦作品《黑暗恶魔磨坊》（*Dark Satanic Mills*），它由风头正盛的青年文学小说作家马库斯·塞奇威克（Marcus Sedgwick）和他的兄弟朱利安·塞奇威克（Julian Sedgwick）创作，配有约翰·希金司（John Higgins）的插图。布莱恩·塞兹尼克（Brian Selznick）也创作了几部有趣的漫画小说，同样将文本与大量插画相结合，比如《奇迹之屋》（*The Marvels*）、《造梦的雨果》（*The Invention of Hugo Cabret*）。

还有些出版物推出了漫画小说版本，比如菲莉帕·皮尔斯（Philippa Pearce）的《汤姆的午夜花园》（*Tom's Midnight Garden*）、雷克·莱尔顿（Rick Riordan）的“波西·杰克逊系列”、欧因·科弗的“阿特米斯奇幻历险（*Artemis Fowl*）系列”，菲利普·普尔曼的《黑暗物质》三部曲更是不必赘述了——你可能会发现自己的孩子也喜欢看这些经典的故事，不过他们看的是漫画版。还有另一种可能是，孩子们已经听完了这些作品的有声书，想回归传统纸质书，把它们再读一遍。经典作品同样也会出漫画版，比如莎士比亚（Shakespeare）的戏剧作品，以及古希腊荷马创作的史诗《奥德赛》（*Odyssey*），都可以成为研读文学作品的绝佳切入点。而且话说回来，现在的老师都开始用电影作为引子来上课了，漫画小说就更谈不上是什么“离经叛道”的材料了吧。

读漫画小说会产生的一个连带效果是，你的孩子很可能会受此启发，开始尝试自己创作一部漫画小说，这是一种帮助孩子理解人物塑造和情节构建，以及发展自己艺术技能的好方法。

一次采访

对 2017—2019 年英国漫画桂冠作家查理·埃德拉德（Charlie Adlard）以及 2019—2021 年英国漫画桂冠作家汉娜·贝里（Hannah Berry）的访谈。

小时候，家里鼓励你看漫画吗?

查理·埃德拉德：我的父母从来没有不鼓励我去做什么，这是肯定的。毕竟我也看纯文字的书，所以对他们来说，如果我在读“正经的”文学作品时，顺便看点其他的东西也没问题。另外，我猜测，由于我在很小的时候就开始画漫画并且好像还有点天赋，他们可能也意识到了看漫画能够给我提供一点灵感。

汉娜·贝里：我的情况是，我妈妈从很小的时候就开始看漫画——事实上，作为一个在美国说西班牙语的年轻人，看漫画其实给她学英语帮了大忙——所以我家的书架上一直就有很多漫画。《凯文的幻虎世界》得到了我们全家的一致喜爱。

漫画/漫画小说给读者提供了哪些在别处得不到的东西？

查理·埃德拉德：我认为这只是另一种娱乐形式。就主题而言，我不认为它们提供了任何别的类型或者别的地方都没有的新东西。漫画是一种媒介，而不是一种流派，所以应该以各种形式来考量它。如果有人想看漫画而不想看书，那也没问题，因为这是一种对媒介的选择。就像有人选择去看一场电影而不是去听音乐一样，只是不同的体验而已，但同样都能有收获。

汉娜·贝里：这也许会让不习惯这种媒介（漫画小说）的人感到惊讶，因为他们发现有人可以从漫画中获得那种奇妙的感受，这简直不可思议。视觉内容能够提供大量的信息，其中一些是潜意识的，而文字和图像的结合会让人获得更深入的理解。最棒的是，对大多数读者来说，无论他们年龄多大，是否善于阅读，他们都能看懂作品所表达的内容，因为视觉素养几乎是与生俱来的。我可以这么跟你说，能围绕这样的媒介开展工作真是让人兴奋得不行。

人们倾向于认为漫画小说比较适合男孩，但我不明白为什么女孩就不能享受这样的阅读乐趣呢？

汉娜·贝里： 漫画是给所有人看的。任何不同意这个观点的人都要认真接受教育，改变自己的看法。

查理·埃德拉德： 我完全同意。不过我认为，在过去，漫画小说作品一直以“男性主导的主题”居多——无论是战争、动作还是超级英雄——绝大多数创作者和出版商也都是男性，而现在这种情况正在慢慢发生改变。如果女性读者愿意，她们为什么不能享受动作的乐趣呢？同样，为什么男性读者不能享受非传统类的戏剧或爱情故事呢？日本和法国的题材有更广泛的受众。这绝对是我们文化中根深蒂固的东西，也是确实需要改变的东西。

有什么建议可供家长们参考吗？

查理·埃德拉德：除了“作为家长在普通书店里该怎么做”之外，没有更多的建议了……在购买前要查清楚所有基本的、明显的信息。我建议家长去找一些——应该说是相对更小众一点的书店，如果条件允许的话。举个例子，你要去找那些把漫画当作一种媒介来贩售的店，而不是把漫画当成最新漫威电影相关产品来卖的店。比如，在诺丁汉的“Page 45”漫画店里，各类型作品摆放得比较适宜，还有博闻强识的员工，给人感觉这是一个温馨、包容的地方。漫画店就该这么经营发展。

汉娜·贝里：我建议找一些跟孩子的兴趣相符的漫画。市场上的作品实在是太多了，即使是最挑剔的读者也一定能找到对胃口的作品。你可以带他们去漫画商店浏览挑选，如果你需要指引，店员们通常会很乐意（或者甚至会过于热情）帮忙。全国各地都有一些很棒的商店，伦敦的“Comics”漫画店、诺丁汉的“Page 45”漫画店、布莱顿的大卫漫画店是我所知道的店里最棒的三家。它们的书架全都被书塞得满满的，等待着年轻读者的光顾。事实上，“Page 45”漫画店的官网上还有一个特殊板块，你可以在那里填写自己感兴趣的内容，他们会为你量身定制推荐书单。

有声读物

有声读物市场正在蓬勃发展，部分原因是“播客”越来越受欢迎，它使得音频产品总体上成为一种流行的媒体。2018年，英国的有声读物销售额增长了43%，达到6900万英镑，其中占比最大的是亚马逊的音频提供商。这个趋势在全世界都是相似的：中国最新的阅读报告显示，2018年，超过1/4的未成年人听有声读物。

有声读物的一个主要优点是，你可以在听的同时做其他事情。我发现在长途汽车旅行中安抚孩子的最好方法是挑一些他们喜欢的故事放给他们听。罗尔德·达尔的作品集、露西·科茨（Lucy Coats）的《讲故事的阿迪克斯》（*Atticus the Storyteller*）我们都听了好几遍，这样的经历也使我最小的孩子要求我们给他找书，他要自己读读看。大卫·威廉姆斯（David Walliams）的许多作品也是我们经常放给孩子们听的，这些书的有声版都是作者亲自读的。播放有声书对控制车内噪音刺激程度的效果是相当直接、显著和持续的。当然，这一招并不只限用于车内：任何零散时间都可以让孩子听，当然也包括睡前。

就像读漫画小说会让孩子自己开始编故事一样，听有声书也会让他们开始以喜欢的故事为基础录制自己的有声书版本，或者自己先写故事再动手录制。如果这可以成功地将孩子们引入动觉学习[①]和听觉学习的范畴，就能起到特别好的作用。就像阅读传统类型的书一样，当你的孩子一遍又一遍地听有声书时，也不要阻止他们。

很显然，有声读物能提供一种更加深刻的体验。除了表达性阅读，还有配乐和音效。小时候，我很喜欢读奥德利牧师的关于小火车的一系列书籍，但约翰尼·莫里斯（Johnny Morris）的有声版本给了我更加丰富的体验，尤其是他的版本里的托马斯听起来非常像一个小孩子。我的另一个童年最爱是《小熊维尼》，它是有声版和纸质书的套装，我可以在听故事的时候跟着读，还可以根据钟声指示翻页。研究表明，读故事的同时听故事有助于发展人的单词识别能力和阅读能力。

① 通常与边做边学、通过运动来学习联系在一起。

等稍大一点之后，我爱上读《魔戒》，而且运气好到连我自己都不敢相信的是，1981 年，就在我刚读完纸质书时，英国广播公司制作了一系列广播作品，我喜滋滋地接受了这个版本，这个版本还有斯蒂芬·奥利弗（Stephen Oliver）无与伦比的配乐加持。事实上，我在写下这些文字的时候，播放的背景音乐正是这些。我通过一遍遍地听书来学习书里的歌曲。对托尔金的粉丝来说，我也强烈推荐尼科尔·威廉森（Nicol Williamson）从 1974 年开始配音的有声版本，里面的所有角色都是由他配音的。

有声读物自然也能拿来大声朗读。尽管有个真人在旁边讲故事对孩子们来说通常会是一种更好的体验，但有声读物同样提供了另一个不错的选择——对听众来说，讲述者不会试图跳过一些内容，而且不管要“读”多少遍，他们的声音都不会因为重复而变得无聊。此外，有声书还能让人听到来自英国以及世界各地的各种口音和方言。这有助于拓宽孩子的世界观，也能让他们提早熟悉这些口音和方言。

就像漫画小说一样（漫画小说也正在推出有声版），有声读物也构成了我儿时阅读经历的一部分，它们当然不应该仅仅被看作是我们手里那些精装书籍的替代品。毕竟，讲故事的历史要比阅读纸质书的历史早得多，音频提供了另一种积累词汇以及掌握其他技能的途径，帮助你的孩子树立对读书识字的信心。听书还能让他们熟悉语言的节奏和模式，这在读书的时候很容易被忽略；同时也可以让他们了解如何以更加个人化的方式使故事变得生动活泼，例如，可以用活灵活现的口音或恰到好处的幽默。

有声读物很容易获得。对一个很难买到纸质书的孩子来说，有声读物可以让他们有机会好好享受一个故事。它还有一个额外的好处：有声读物内容本身难度甚至可以超出听者的阅读水平，且不会有磕磕巴巴的停顿，不会让人难以进入故事，它会保持一定的节奏，不断让人得到愉快的体验。而且有趣的是，研究表明，比起阅读纸质书，我们听有声书时更不容易半途而废。

有声读物也可以通过其富有的韵律赋予文本更多的意义：单词的发音方式、语调、节奏以及重音或讽刺的元素，这些在传统书籍中是不可能呈现出来的。对像莎士比亚戏剧这样的文本来说，有声版本的帮助更大，比如，遇到文本中含义模糊的单词或短语时，一个好的朗读者会将它们处理得更加清晰易懂。英国伦敦大学学院的一项研究（尽管得承认这是来自一个在线有声读物和 Podcast 平台的委托）显示，通过听别人把故事读给自己听，有声读物的用户其实享受到了比看电影或电视印象更深刻、情绪更充沛的体验。《深夜小狗神秘习题》(*The Curious Incident of the Dog in the Night-Time*)的作者马克·海登(Mark Haddon)甚至说，在没人把一本书读给他听之前，他都不觉得自己已经正确地阅读了这本书。

案例说明

威尔·埃文斯(Will Evans)是我一个朋友的儿子。我知道他从小就觉得读书是一件挺困难的事，那么，就让他用书来讲述自己的旅程吧。

"托拉克从梦中猛地惊醒，他没打算睡的。"我永远不会忘记这些话，这是我自己读的第一本"正经书"的第一句话。

但这不是我第一次听到它们。有阅读障碍的我发现，自己独立阅读是一件很难的事。为了解决这个问题，8岁的时候，我尝试了有声读物，第一本就是米雪尔·佩弗(Michelle Paver)的《狼兄弟》(*Wolf Brother*)，是由伊恩·麦克莱恩(Ian McKellen)爵士朗读的。这激发了我对奇幻故事的兴趣。很快，我开始自己拿起书阅读，还是从《狼兄弟》开始，接着是"骷髅侦探(*Skulduggery Pleasant*)系列"、《霍比特人》、《龙骑士》(*Eragon*)和其他奇幻史诗。虽然有一些故事篇幅很长，但大多都是相当轻松易读的，直到我打开了乔治·马丁（George R. R. Martin）的《冰与火之歌》(*A Song of Ice and Fire*)——也就是电视剧《权力的游戏》的原著小说。

当我翻开《冰与火之歌》这套书的第一册时，有两件事是显而易见的。第一，我喜欢这套书。它构建了一个如此栩栩如生又细致的世界，对我来说简直正中下怀。第二，我可能永远也读不完它。我花了几个月的时间才看完这本书的20%，但已经开始失去兴趣了。就在这个时候，我接触到它的有声书。就像在少年时期学习阅读时克服困难一样，现在有声读物也能帮我再次克服这个难关。

我20岁了，在巴斯大学学习机械工程，我非常明白有声书解决了我在阅读方面的困难，使我能在别人的叙述中享受这些故事，能把握整体剧情和故事走向，而不是忙于记住那些字究竟在哪一页的什么位置。尽管我现在是一个看书比听书多的人，但我还是大力支持有声书。正是它们作为我阅读之初的工具，帮我渡过难关，扫清障碍，使我跃入一个个奇妙的世界，充分掌握阅读的乐趣。

研究表明，听有声书的缺点是，我们在听有声读物时往往会忽略一些微妙的地方，阅读纸质书仍然是加深对文本理解的好办法。但这并不意味着听有声读物就是毫无意义的，听有声读物也是享受书籍的一种方式，也应该被推崇。

数字阅读

在这个世纪，我们的阅读方式已经发生了变化。随着移动应用和数字技术将阅读带给有线一代，书籍甚至整个图书馆都被浓缩到了袖珍尺寸的电子设备上。

英国读写素养基金会的研究表明，在 9—18 岁的人群中，进行数字阅读的人数正在增加，其阅读量超过他们这个年龄段预期阅读纸质书和屏幕小说的两倍，有 1/5 的人完全只在屏幕上阅读小说和非小说作品。

但另一方面，世界图书之夜阅读机构的一项调查也表明，智能手机阻碍了人们阅读。72% 的年轻人承认，玩手机使他们读书的时间减少了。

这个阅读机构的创意总监黛比·希克斯（Debbie Hicks）在宣布调查结果时说："智能手机可以帮助我们与

他人保持联系，了解周围的世界。但这项调查显示，许多人都很难拒绝手机的诱惑，这可能会对我们的身心健康造成损害。而阅读正是帮我们戒掉‘手机瘾’的最佳方式。当然这不意味着要放弃智能手机——其中还有很多精彩的有声读物和电子书可以帮助你逃到另一个世界。”

这是一个棘手的问题，因为许多父母希望看到他们的孩子使用电子屏幕的时间变少。有趣的是，英国儿童出版商埃格蒙特的《印刷事务》（*Print Matters*）指出，与用电子屏幕阅读的经历相比，跟孩子一起读纸质书更像是一种情感体验，因为读纸质书时，你们可以依偎在一起。在一年中那些传统的、对家庭有特殊意义的日子里，如圣诞节，一起读纸质书产生的情感尤甚。但无论是读电子书还是使用手机里的应用程序，对你的孩子来说也都完全没问题。以下是《印刷事务》中的部分内容：

> 实体书能加深人与人之间的联系，让人更亲密。父母和孩子都会喜欢一起触摸和翻开纸质书的书页。当有不止一个孩子时，父母会发现把书传递着读下去是一个好选择。更大开本的书和大量的插图能提升分享阅读的效果，对年龄更小的孩子来说效果尤为明显。

没收电子物品、试图强迫孩子读那些被你硬塞到他们面前的书，都是绝对不正确的做法。千万不要将阅读和惩罚联系在一起。

一种不同的有声读物类型

对于自己2018年基于怀伊河畔的书城而成立的“书的故事”，艾玛·巴尔奇（Emma Balch）是这样描述的：“这是一个充满活力的工作博物馆，庆祝着那些正在发生的书的故事。”它的第一个大项目是《独角兽，差不多了》（*Unicorns, Almost*），这是欧文·希尔斯（Owen Sheers）创作的一部关于“二战诗人”凯思·道格拉斯（Keith Douglas）的生活和工作的戏剧。

“这是第一本真正的沉浸式有声读物，”艾玛解释道，“丹·克利克勒的独角戏非常精彩，但显然文本量过大。我想做一个指引，让人能理解道格拉斯所处的特殊情况。所以我们搭建了一个戏剧世界，它是为了营造一种共享的聆听体验而被设计出来的。我们将一位演员戏剧性的阅读与音乐和音效结合起来，创造了一个长达55分钟的声音场景。这些表演会发生在一个能唤起人的记忆、让人仿佛身临其境的布景中，其间充满了与道格拉斯相关的物品和书籍，所有的一切都是为了协力创造一种强大的共享聆听体验而准备的。”

表演带来的结果是，听有声书的方式发生了变化。“它的要素之一是创造一种公共体验，人们在观看布景的同时听到声音，并且通过这种方式寻找联系。但我们同样也发现，有些观众会坐在那里专注于阅读文字，也有一些人会闭上眼睛只听，”艾玛说，“这是一个巨大的成功。我认为这表明，除了把这些经典作品简单重印或者再版，我们还可以用其他的方式来接触它们。以一种新的方式复述故事，能让它们触及新的读者。”

肯·威尔逊-马克斯：这样的书真的很棒

出生于津巴布韦的肯·威尔逊-马克斯（Ken Wilson-Max）是岚娜·马克斯图书公司的出版商。他从事低龄儿童图书创作的相关工作，包括绘制插画、写作和设计。其作品包括《莱尼在哪里？》（*Where's Lenny?*）、《莱尼和威尔伯》（*Lenny and Wilbur*）以及《星际女孩》（*Astrogirl*）。

小孩子之所以喜欢书，部分原因是书为他们打开了一扇想象之窗，还有部分原因是他们可以跟自己喜爱的成年人分享经历和感悟。小读者们几乎对任何故事都来者不拒，如果故事是从他们喜爱的人或与他们朝夕相处的人那里听来的，他们会更喜欢。然而，并不是所有小孩都能有看书的体验。对许多人来说，书是一种“奢侈品”，也很容易被电子屏幕取代。造成这种情况的原因有很多，多年来许多报告都对此有所讨论，时间最近的是小学教育读写素养中心的反映现实报告和图书信托基金会的报告。

家长可能会问，一本好童书的判断标准是什么？个人认为有以下几点。

首先，它必须有吸引力，或者至少让孩子们觉得有趣，因为他们会在某个时候分享这个故事。如果被吸引住了，他们就会一遍又一遍地分享。读这本书的次数越多，孩子就越有可能理解里面的故事，体会其中的微妙差别和乐趣。这个过程会让他们树立自信心、提高语言技能和推理能力。

其次，这本书应该呈现“世界应该是什么样的”，而不是“世界实际的样子”。这意味着要将平等、平衡和奇妙的元素融入故事——当然啦，是与乐趣结合在一起呈现出来的！有些故事给成年人提供了一个讨论它们的机会，另一些故事则被深深刻入情节或角色之中。看到孩子们能在经历一些简单的小事或自己解决问题时展现出接纳、体谅和快乐的态度，真是太好了。

再者，是否需要插图是一个主观选择，但应该注意的是，大多数孩子能够“读”图片，即使那些复杂的图片也不在话下，尤其在图文完美匹配的时候。这增加了儿童图画书的奇妙之处，文字和图片结合成就了一本让人印象深刻的书。

最后，这本书应该有很好的触觉体验。因为小孩子也通过感觉、气味甚至可能“吃书页”来学习。这些经验最终都会变成记忆——在大多数情况下——有助于培养出更多的图书爱好者、读者和创作者。这样看来，书难道不棒吗？

第六章

不只是读书

如果你的孩子特别喜欢某一本或某一系列的书，恰好某个地方与作品关系密切，那你不妨安排一次实地参观。这种经历会让孩子从书里读到的东西变得生动起来，也会让故事中那些读起来有点难以理解的内容变得更加清晰易懂。

去图书馆吧

英国公共图书馆正面临日益严峻的现状：资金不足、接连闭馆、专业人员素质下滑。然而，图书馆管理员仍然在努力工作，他们以富有创造力的方式为家长和孩子们提供大量的阅读机会，所以，积极加入你所在地的图书馆是很有意义的。孩子们有了自己的借书证，就像突然有了一片无穷尽的书海，而且这片海域不会随着他们年龄的增长而变小。

图书馆的妙处在于，人们可以选择任何阅读方式和节奏。我还记得小的时候，我总是在周四晚上茶余饭后和父母一起去当地图书馆 [诗人菲利普 · 拉金（Philip Larkin）最开始就是在这个小镇图书馆里当图书馆管理员的]。我们拿出上个星期借的书——或者至少是已经看完的那几本书，或者是我们已经失去兴趣的书——还给他们，然后父母就会让我自由活动。我总是到处乱窜，当然大部分时间都待在儿童区，但也去过那些摆放着专供成年人阅读的书籍的区域。大约半个小时，我就能挑出一大堆书。基本上只要是能吸引我的书，我都会拿上。在接下来的一个星期里，我最多只读一两本，再随便翻看一两本，其他的可能都没有打开过。但只要我能坚持看自己喜欢的书，然后把不爱看的按规定还回去，其他的都不是问题。没有谁批评我的做法，而且这都是免费的。我还记得，在听了约翰·格兰特（John Grant）在 BBC 的《杰克安诺瑞》（*Jackanory*）节目中介绍的故事后，我特意去图书馆把他写的关于石器时代小孩的《小矮人故事》（*Littlenose*）挑了出来。

尽情地向你的孩子展示图书馆有多棒吧，这件事再早都不为过。

好好安排跟孩子的图书馆之旅，不要仅仅是匆匆忙忙地“走过场”。同时，它是非常放松的体验，不要逼着孩子非得选择“合适”的书。

图书馆会举办很多活动，所以，如果留了足够的时间来逛，你们就可以参加一项活动，比如一次手工工作坊或一次作者读书会。在我稍大的两个孩子还很小的时候，有一次他们不小心爬进了当地图书馆一个被隔开的活动区里，里面正在举办麦克·莫波格的读书会，受众是年龄更大一些的孩子。但麦克非常友好地接纳了我的两个孩子，我不确定这对提高他们的文化水平起到了多大的作用，但这次经历无疑给图书馆平添了一种魅力，也让他们更愿意去图书馆。

如果你家里没有足够的空间放书，那么善用图书馆会带来加倍的好处，因为你可以不断地换书，而孩子们也总能在家读到他们感兴趣的东西。

同时，也要多鼓励你的孩子充分利用他们学校的图书馆，如果他们学校恰好有图书馆的话。虽然没有关于“英国有多少学校图书馆”的官方数据，但英国读写素养基金会的统计数据表明，学校图书馆在激发儿童享受阅读，以及提高他们的整体识字、数学和科学素养水平方面有很大的帮助。

“暑期阅读挑战”是能给孩子报名参加的最好的活动之一。它由阅读机构与英国各地的公共图书馆合作举办，每年都有约70万名4—11岁的儿童参加。该活动有不同的主题，鼓励孩子们在暑假——这段时间里孩子们的阅读能力可能会下降——挑选并阅读六本书。他们每读完一本书就会得到不同的奖励，并在活动的最后获得一张证书。

当然，你也应该好好“麻烦”一下那些知识渊博的图书馆管理员，他们总是非常乐意为读者提供帮助和推荐书籍。

去书店吧

带着孩子逛书店会让你享受到一种真正的乐趣。英国是世界上少有的拥有多个农村书镇的国家之一，那里有许多二手书店和与图书相关的店铺。

理查德·布思（Richard Booth）于20世纪60年代在威尔士的海伊镇发起了一场“运动”。其后，在海伊镇，除了每年一度的大型节日活动，镇上还有许多图书贩售地，包括超大的理查德·布思书店，书店里还有47座的电影院和咖啡馆；在镇上的其他地方还有海伊书店——一个号称拥有世界上最大的露天书店的书店；此外还有儿童书店，出镇就能看见，主要出售与20世纪小说相关的儿童书籍；罗斯书屋主要贩售儿童书籍和插画书。

苏格兰的书镇有邓弗里斯的威格镇和加洛韦。像威尔士的海伊一样，这里也会举办盛大的年度文学节和一个特别的文学节——BIG DOG——它以童书为唯一的主题。威格镇内有着苏格兰最大的二手书店——“那家书店”。在镇上的各种图书出版商中，有一家小型的独立企业——柯考恩图书出版公司，它由蛤盒儿童书店经营，现在仍然在向年轻读者销售图书。

英格兰也有一个自己的书镇，它位于约克郡戴尔国家公园内肯德尔附近的塞德伯格。其中最大的书店是韦斯特伍德书店。但是对一个书镇来说稍显特别的是，这里有几个书店并不是专门卖书的——当然图书区还是有的。

基于书本内容的景点

除了许多著名景点，其实还有不少基于书本内容设立的景点。

“七层楼”——位于泰恩河畔纽卡斯尔的国家儿童图书中心——是一个以儿童文学史为主的博物馆，有七层楼高。它自称“英国第一家也是唯一一家致力于英国儿童图书艺术的博物馆”。除了鼓励孩子们写作和绘画，博物馆还保存着从 20 世纪 30 年代至今的大量原始手稿和插图，其中最有名的是弗兰克·赫尔曼（Frank Herrmann）和乔治·海姆（George Him）创作的《巨人亚历山大》（*The Giant Alexander*）的早期草图。菲利普·普尔曼未出版的剧本也可以在其网站[①]上找到。博物馆用这些资料办展

① 网址：sevenstories.org.uk

览，让大家都能看到诸如大卫·麦基（David McKee）的《花格子大象艾玛》（*Elmer the Patchwork Elephant*）等作品。“七层楼”还为家长开设了关于如何鼓励孩子阅读的短期课程。

儿童博物馆，又称探索儿童故事中心[①]，位于伦敦斯特拉特福德。它向拥有 11 岁以下儿童的家庭开放。它的创造性的游戏空间能激发孩子编故事的能力，它的实时更新的互动展览聚焦于受欢迎的儿童作家，它全年与作家和插画师一起举办讲习班。此外，它还有一个藏书丰富的儿童书店。

牛津的故事博物馆。目前正在对其展览区和画廊进行重大改造，旨在为游客提供宝藏室、魔法图书馆、小世界早期画廊、切舍姆剧院和故事之城数字体验，以及介绍牛津的文学史。它一直在扩建，并且经常举行一些现场活动。可通过浏览网址“storymuseum.org.uk”，获取相关的最新信息。

有些作者的活动虽然不是专为儿童举办的，但其中仍然会有为儿童准备的部分，因此同样值得关注。例如，位于利奇菲尔德的约翰逊出生地的博物馆会定期在星期六上

① 网址：discover.org.uk

午举办“文字活了”的活动[①]，让儿童享受阅读、写作和表演的乐趣。

伦敦的插图之家艺术馆也经常为孩子们举办插画活动，还会展出童书插画家的作品——如“玛德琳（*Madeline*）系列”作品的创作者路德维格·贝梅尔曼斯（Ludwig Bemelmans）的作品。2019年，这里开设了名为“源于工作室”的永久空间，这是一个不断扩大的展览，包含插画家昆廷·布莱克的当前作品[②]。

小学教育读写素养中心也有一个非常优秀的识字图书馆[③]，里面有23000本儿童读物，如果家长想要书单推荐，就去那里找找灵感吧。

---

① 网址：Samueljohnsonbirthplace.org.uk
② 网址：houseofillustration.org.uk
③ 网址：clpe.org.uk/clpe/library

去书展吧

作家和插画师经常出现在签售会上或在书店举办交流会，但如果想“抓住”孩子最喜欢的作家（并发掘一些新作家），最好方法之一是去逛书展。虽然我的孩子 2012 年才刚开始阅读克蕾西达·考威尔的《驯龙高手》，但那年在鲁顿胡举行的“第一届鲁顿胡儿童书展”上近距离接触考威尔之后，他们就已经迫不及待地想看她笔下的更多作品了。

如果你的孩子也对音乐和写歌感兴趣，那你可以考虑带他去音乐节看看，这样的活动全国都有很多。像格雷丝·彼得里奇（Grace Petrie）和比利·布拉格（Billy Bragg）这样词与曲并重的表演者，他们的现场表演总是格外让人兴奋。如果不知道从哪开始的话，赫特福德郡哈特菲尔德府的橡树旁音乐节[1]会是一个不错的选择：它只有一天，在每年七月举行。

① 网址：folkbytheoak.com

在生活中找故事场景[①]

如果你的孩子特别喜欢某一本或某一系列的书，恰好某个地方与作品关系密切，那你不妨安排一次实地参观。这种经历会让孩子从书里读到的东西变得生动起来，也会让故事中那些读起来有点难以理解的内容变得更加清晰易懂。下文列举了一些著名的例子。建议让孩子提前做一些攻略，这样不仅能让参观流程更清晰，还可以提高他们的学习技能。

《小熊维尼》

故事场景位于东苏塞克斯郡的阿什当森林

① 虽然这里列举的都是国外的地点，但家长可以举一反三，带孩子找一些国内的地点尤其是离家近的地点去参观。

作者艾伦·亚历山大·米尔恩（Alan Alexander Milne）曾经住在森林边缘（实际上更像是荒草地而不是茂密的林地），也经常在那里散步。他作品中的百町森里有好几个地点都是基于现实地点构建出来的。插画家欧内斯特·霍华德·谢泼德（Ernest Howard Shepard）创作时也是如此。所以，实际上百町森本身就是现实中的五百亩木，而《小熊维尼和老灰驴的家》（*The House at Pooh Corner*）结尾出现的地点现实中也真实存在，现场还立有标识牌。你可以在阿什当森林官方网站[①]和他们的森林中心找到以维尼为主题的散步路线。当然，那里还有一座桥，你可以在上面玩维尼木棍游戏。整个体验区位于维尔德地带，是非商业性的地方，而且美得让人心动。

《燕子号与亚马逊号》（*Swallows and Amazons*）

故事场景位于湖区和东英吉利亚

亚瑟·兰塞姆（Arthur Ransome）的“燕子号与亚马逊号系列”有两个主要的设定。从图书一直火到电影作品里的正是著名的“湖区”。虽然兰塞姆对这个地区非常熟悉，但他仍倾向于将现实生活中的景点处理成他设定的位置——野猫岛：孩子们在那里露营，它像是科尼斯顿湖

① 网址：ashdownforest.org

里的皮尔岛和温德米尔湖里的布莱克霍尔姆的混合体，总的来说，这个湖本身像温德米尔湖，湖周围又像科尼斯顿湖。虚构的里约镇是基于“温德米尔的鲍尼斯”设定的。兰塞姆住在萨福克时，创作了《我们无意下海》（*We Didn't Mean To Go To Sea*）和《秘密的水》（*Secret Water*），这两部作品都以肖特利半岛乡村的平米尔村为特色，兰塞姆在那里给自己造了艘船。在书中，你仍然可以看到阿尔玛小屋和巴特牡蛎酒吧。比起湖区，这里关于地理方面的设定更加写实，而且在书中大多用了真实名字。你可以从南希·布莱克特信托基金的网站[1]下载肖特利地区的步行路线。诺福克的霍宁村则是兰塞姆另外两个儿童冒险故事《库特俱乐部》（*Coot Club*）和《六巨头》（*The Big Six*）的参考来源。

《沃特希普荒原》（*Watership Down*）

故事场景位于汉普郡的爱琴斯威尔

很多人会惊讶:《沃特希普荒原》描述的地方在现实中竟然真的存在。作者理查德·亚当斯（Richard Adams）关于兔子的小说中的许多地点也是如此，比如胡桃夹子农场和蜂巢。事实上，亚当斯甚至在介绍中提到自

① 网址：nancyblackett.org

己参考了测绘局的地图。通过金斯克利尔村可到达此地，它实际上是有名的旅行者步道中的一部分。

《格林·挪威家的孩子们》

故事场景位于剑桥郡的赫明福德·格雷庄园

露西·M. 波士顿在《格林·挪威家的孩子们》故事中对老房子的设定，很大程度上是基于其位于剑桥郡的家，她在创作这部作品时就住在那里。她的儿子彼得为书籍创作的插图的灵感也是从那来的，其中包括玩具，如故事中提到的托利雕刻的老鼠和打着补丁的被子，还有吱嘎作响的房子和花园。现在花园由她儿媳戴安娜·波士顿经营，每天开放，但除了 5 月份以外，其他时间需要预约才能参观[①]。

《查理和巧克力工厂》（*Charlie and the Chocolate Factory*）

故事场景位于白金汉郡的大米森登

罗尔德·达尔在他生命的最后三十年里住在大米森登村。他的家——吉卜赛屋——不对外开放（但这里以前是国家花园计划的一部分，所以还是值得留意一下，看它是否会再次对外开放）。其他的关键地点是可以看的，

① 网址：greenknowe.co.uk

包括作者的《世界冠军丹尼》（*Danny, the Champion of the World*）里灵光一闪引出车库的汽油泵，以及《好心眼儿巨人》[1]（*The BFG*）里的诺芬尼。稍远一点的地方有垂钓泉树林，这是《世界冠军丹尼》里树林的原型。罗尔德·达尔博物馆和故事中心[2]记录并呈现着他的生活和作品，在那里，你可以找到更多关于他的信息，坐在他的写作棚里，参加定期更新的活动。你还可以从网站上下载两条步行路线的相关资料，它们能帮你找到关键地点的位置。

"哈利·波特系列"

故事场景位于诺森伯兰郡的安尼克城堡（以及其他许多地方）

虽然很难确定J. K. 罗琳创作这部"神作"时的参考地点（据说，埃克塞特的甘迪街和约克的沙姆斯都是对角巷的灵感来源），但电影版的参考地就好找多了。《哈利·波特与魔法石》（*Harry Potter and the Philosopher's Stone*）和《哈利·波特与密室》（*Harry Potter and the Chamber of Secrets*）都是在安尼克城堡拍摄的：哈利在外贝利学会了骑扫帚飞行，在内贝利撞上了韦斯莱一家的车。安尼克非常值得一

① 又译作《圆梦巨人》。
② 网址：roalddahl.com/museum

去，因为那里有超赞的二手书店——巴特书店。

关于电影版，可考虑参观游玩的备选地有很多：霍格沃茨学院的大会堂是以牛津基督教堂的大会堂为模型建立的，伦敦勒顿豪集市则是对角巷和破釜酒吧的原型。英国官方旅游局的“游览英国”在网站[①]上发布了大量关于拍摄地点的信息。同样值得一去的是伦敦华纳兄弟电影工厂——“哈利·波特片场攻略”，就在沃特福德附近，它为观众提供了电影制作的幕后视角。伦敦市中心的国王十字火车站也出现在书籍和电影中，现在那里有一个专用的“九又四分之三站台”拍照点，旁边还配有一辆半边“消失”在墙内的行李车，似乎正有人将它推向霍格沃茨学院。

《秘密花园》

故事场景位于肯特郡的大梅森厅，靠近坦特登

大梅森厅的花园给予弗朗西丝·霍奇森·伯内特创作《秘密花园》的灵感。20 世纪初，她住在那里并发现了一个设有围墙的废弃花园。这个花园可以追溯到 18 世纪早期，她修复了花园，种下了玫瑰，并且在被花环绕的露台上进行自己的创作。大梅森厅如今是私人公寓，但其中由埃德温·鲁泰恩斯（Edwin Lutyens）爵士重建的花园是

① 网址：visitbritain.com

国家花园计划[①]的一部分，可以在春季和夏季的固定时间去参观。

还有更多地点与作者和他们的作品有关，国家信托[②]和英国遗产[③]等机构不仅管理这些地方，还会经常举办一些文学活动。喜欢比阿特丽克丝·波特（Beatrix Potter）创作的动物故事的孩子们，大抵也会喜欢她在湖区山顶农场的家。同样，读过罗斯玛丽·苏特克里夫（Rosemary Sutcliff）关于罗马军团消失的作品《失落的第九军团》[④]（*The Eagle of the Ninth*）的孩子们，也会从参观哈德良长城中获益良多。

当然，也别忘了还有许多建筑与非小说类纪实作品有关。比如查尔斯·达尔文（Charles Darwin）在肯特郡的故居，他正是在那里创作了《物种起源》（*On the Origin of Species*）；牛顿曾住在林肯郡的伍尔斯索普庄园，据说他的苹果树仍然长势强劲：这两处地方都给人以互动感十足的体验。那些对第二次世界大战和破解密码感兴趣的人，一定要去看看米尔顿凯恩斯附近的布莱切利公园。

---

① 网址：ngs.org.uk
② 网址：nationaltrust.org.uk
③ 网址：www. english-heritage.org.uk
④ 又译作《迷踪：第九鹰团》。

迈克尔·罗森：图书馆真的很重要

迈克尔·罗森是一位诗人、作家、播音员。他是2007—2009年英国儿童文学桂冠作家，也是伦敦大学金匠学院的儿童文学教授。

公共图书馆是国家的财富，图书馆是心灵的藏宝库。从物理层面来说，它们都为读者提供了一个安全的空间，让读者可以毫无负担地走进来、坐下，进行探索、发现、调查、享受和研究。在学习区旁边有咖啡馆和休闲区，人们可以在那里相聚、交谈。图书馆也有社团，有会议厅和举办各种活动的场地，通过参与这些社团和活动，我们会发现自己已经成了本地大型同好会的一分子。

所以，图书馆从来都不是一个只用来借书的地方——尽管这一点就已经很棒了——这里更是一个可以让我们超越自我的地方，主要通过两种方式：一种是通过发现新知或者读一些我们以前没有读过的东西，另一种是通过在这个公共空间里和其他人一起探究自我。

在我看来，无论出于什么原因，致使图书馆的相关项目缺乏资金，以及通过关闭图书馆来减少开支，都相当于“犯罪”，这是对我们公民权利的剥夺。政府在提高公民素养和促进社会发展方面具有同样的责任。

图书馆事业是一项普世服务，对有些群体来说，它显得尤为重要：家中无书可读的人、需要咨询和信息却没有途径获得的人、家庭环境不理想或不适合学习的年轻人。

我对关于把图书馆变成多功能的、与其他服务相结合的场所这一想法没有异议，只要它为人们提供的内容核心仍然是知识、想象力和信息的相关内容即可。我之所以有这种强烈的感觉，是因为我的核心关注点是语言。我还认为，应该让图书馆具有吸引力和实用性，我们需要训练有素、经验丰富、兢兢业业、薪水丰厚的人员——图书馆管理员——作为服务的核心。为了让人们能够真正获得图书馆所提供的服务，需要有人引导我们完成一个个步骤，这个“人”是“我们的现在”走向“我们也许能达到的未来”之间的那座“人的桥梁”。

汤姆：霍奇金森：如何培养读书爱好者的

汤姆·霍奇金森（Tom Hodgkinson）是《闲人》杂志的编辑。

像天底下许多父母一样，我对孩子感到绝望。就拿14岁的亨利来说吧，他似乎只对一个叫《堡垒之夜》的游戏感兴趣，一群网络怪咖一起捣鼓出来的让人上瘾的邪恶玩意儿。这些怪咖们用它把一个又一个家庭闹得鸡飞狗跳，自己却从中赚得盆满钵满。亨利愿意花5个小时和他的伙伴们玩《堡垒之夜》，但当我让他练一会儿吉他时，他就大吵大闹，强烈反对。哪怕最后他心不甘情不愿地挪回自己房间，弹了10分钟之后又会偷偷溜到电脑前。此外，他似乎还沉迷于YouTube。

不过，幸运的是，亨利确实读完了乔治·马丁（George

Martin）的书，这还挺了不起的，他也因此掌握了集中注意力的方法。在孩子们小的时候，我家没有电视，从另一个层面说，这也算有益的一面；那时候他们也没有电话和电脑游戏。所以退一万步讲，他们小时候至少读过书。但是，电子产品在最大的孩子 11 岁左右时开始“入侵”他的生活，并且从那以后就一发不可收拾。

关于这个问题，其中一个办法是，完全不做任何处理，你要做的只有以身作则，在家时读很多书，并且要让孩子们看见。这样你就为他们树立了一个好榜样。除此之外，我还建议带他们去没有无线网络和电视的地方度假。

致谢

容我向利兹·沃班克（Liz Woabank）、阿比·戴（Abbie Day）、罗伯特·戴维斯（Robert Davies）、尼尔·史蒂文斯（Neil Stevens）、桑德拉·弗里森（Sandra Friesen）、朱莉娅·埃克尔斯利（Julia Eccleshare）和约翰·李（John Lee），以及英国读写素养基金会、小学教育读写素养中心的菲奥娜·埃文斯（Fiona Evans）和所有的专家投稿人和受访者表达诚挚的谢意。